中国东部区域金融风险研究

——基于宏观金融工程方法

赵振宗/著

责任编辑：王素娟
责任校对：李俊英
责任印制：丁淮宾

图书在版编目（CIP）数据

中国东部区域金融风险研究：基于宏观金融工程方法（Zhongguo Dongbu Quyu Jinrong Fengxian Yanjiu：Jiyu Hongguan Jinrong Gongcheng Fangfa）/赵振宗著.—北京：中国金融出版社，2014.7
ISBN 978-7-5049-7398-6

Ⅰ.①中… Ⅱ.①赵… Ⅲ.①区域金融—金融风险—研究—中国 Ⅳ.①F832.7

中国版本图书馆CIP数据核字（2014）第104372号

出版
发行 中国金融出版社
社址 北京市丰台区益泽路2号
市场开发部 (010)63266347，63805472，63439533（传真）
网上书店 http://www.chinafph.com
(010)63286832，63365686（传真）
读者服务部 (010)66070833，62568380
邮编 100071
经销 新华书店
印刷 利兴印刷有限公司
尺寸 169毫米×239毫米
印张 10.75
字数 175千
版次 2014年7月第1版
印次 2014年7月第1次印刷
定价 28.00元
ISBN 978-7-5049-7398-6/F.6958

写在皓月当空时

（代序）

（一）

2013 年 9 月 20 日夜，在珞珈山间的东湖之畔，正值中秋节之后的第一个晚上。“十五的月亮十六圆”，皓月当空，湖光闪闪。

刚参加完“94 级”国际金融校友聚会，回到办公室，给赵振宗老师《中国东部区域金融风险研究——基于宏观金融工程方法》一书撰写序言，心情与夜空的月色一样，澄明、宁静与姣好。

（二）

振宗是我的博士研究生。从 2005 年开始在武汉大学经济与管理学院攻读金融工程专业博士研究生学位。四年学习之后，顺利通过博士学位论文答辩并获得博士学位。博士毕业后，重新回到他曾经工作多年的海南岛，在海岛南端的三亚学院从事教学和科研等工作。

我记得当时确定博士论文选题时，我们曾经反复磋商过，最后确定以宏观金融工程的方法来研究中国东部的宏观金融风险。

之所以选择该题目，主要基于以下两个方面的考虑：

其一，当时我正带领武汉大学经济与管理学院金融工程团队进行宏观金融工程的研究，振宗作为该团队的一员，我当然希望他的博士论文选题与此相一致。

其二，我们当时将宏观金融工程研究中的一个重要研究领域——宏观金融风险部分划分为四个区域进行研究，即中国东部、中部、西部和东北部。而振宗曾经在青岛和海南生活和工作过，并且他当时已经决定毕业后重回海南，因此就有了以上选题的产生。

（三）

在确定了论文选题之后，我们希望振宗能够在论文的研究和写作中突出以下内容：

第一，运用宏观金融工程的原理和方法去研究中国东部的宏观金融风险。这项工作在此之前是没有人做过的，因此，该选题具有很大的挑战性。但由于该选题意义重大，它所研究的是中国经济发展最快地区的经济金融风险，在我的鼓励下，他毫不犹豫地接下了这项任务。

第二，研究的过程中采用宏观资产负债表方法。宏观资产负债对于宏观金融工程来说，几乎是一个最基本的方法。有了它，宏观金融研究就可以建立在一个微观分析的基础上了。

第三，在宏观资产负债表分析的基础上，再运用金融工程中的期权定价理论，进行或有权益资产负债表分析。这种分析就可以使其历史数据的资产负债表成为市场价值的资产负债表，使其静态分析成为动态分析，使其滞后的风险监测成为适时的风险监测。

第四，在宏观资产负债表和宏观或有权益资产负债表分析的基础上，建立起风险指标分析体系。

第五，构建风险监测与风险预警机制和风险管理体系。

毫无疑问，这项工作任务是艰巨的，但是振宗没有选择退却，而是勇往直前地完成这一研究任务，于是就有了他的博士论文答辩的顺利通过，以及在此基础上修改完成的这部学术专著。

（四）

由于国际金融危机不断发生，金融风险问题成为经济发展过程中的一种常态，因此，宏观金融风险研究显得越来越重要，要求人们予以高度的关注和重视。赵振宗老师和我们的研究在这里仅仅只是一个开头而已，后面的研究工作还需要有更多的有志者参与进行。

我们希望振宗在回到海南省之后，还能够对此问题进行长期的跟踪研究，特别是对其所在的海南省进行更为深入地探讨，以期在宏观金融风险控制的基础上推动海南经济更好更快地发展。我们期待着他能够在这方面有更多的研究成果面世。

（五）

珞珈山的夜月，愈来愈明亮。我在想，此时此刻，赵振宗老师所在的海南三亚，海边的月色和夜色一定更为美好。

我真想拿起电话对他说：我们希望您已有的和未来的研究成果，就像这圆月之夜的月光，一丝丝、一缕缕，倾注在这片您所深爱的土地上……

叶永刚
二〇一三年九月二十日夜
于武昌珞珈山

前　言

区域金融风险作为中观层面的金融风险，在整个金融风险研究中具有十分特殊的地位，可以说，区域金融风险的防范与管理在整个宏观金融风险的监控中起着减压和截止阀的作用。一方面，预防和管理得当可以控制和阻断因局部区域范围内的风险传染而导致的宏观系统风险的危险性；另一方面，每一区域都是宏观金融政策的“试验区”，区域风险的研究可以为区域之间的风险防范提供彼此可供借鉴的经验，为整个宏观金融政策的制定和修正提供更为实用的决策参考。

区域金融具有突发性强、波及范围广、破坏力大的特点，防范不当将直接威胁到一国金融体系的安全。中国是一个区域经济发展格局极为不平衡的大国，地区间的经济、金融发展水平差异性明显，因此，研究和防范中国的区域金融风险对维护国家的金融稳定有着重要的理论和实践意义。

东部地区作为中国乃至当今世界经济发展最具活力的地区，近年来，金融产业发展迅速，金融部门构建齐全（囊括了中国现有的所有类型金融机构），无论是金融部门的数量还是资产负债的占比一直垄断着中国金融的半壁江山，可以说，东部区域金融稳定，全国的金融大局就稳定；反之，亦然。因此，本书选择东部区域的金融风险作为研究对象。

目　　录

1 导 论

1.1 选题背景和意义

无论是在国内还是国外，关于区域金融研究的著述和文献都极为有限，关于区域金融风险理论的研究更是凤毛麟角。在全球经济区域化和一体化的发展格局下，区域的概念可以分为广义和狭义两种。广义的区域可以是诸如欧盟、美加自由贸易区、拉美、东南亚区域合作体的跨国界区域；狭义的区域通常指一国范围内的因为地理空间结构差异、经济发展的非均衡性、文化差异诸因素相互作用形成的同质性与非同质性差异区域，这一区域基本处于大国经济的中观层面。学界所指的区域金融基本上是从狭义的角度界定的。

就目前掌握的材料来看，国内外尚无系统研究区域金融风险的专著。出现这一状况的可能原因是：从理论上讲，在统一的经济体内的各个地区之间，不应当存在比较明显的风险差异。正因为如此，我们很少在世界上其他国家的研究中见到有关区域金融风险的文献。有关区域金融风险的研究非常之少，即使有一些关于区域金融风险研究的内容也大多散见于区域经济学的著述中或者金融自由化、金融深化论或者宏观金融危机、金融生态环境的研究中。但是，地区差异一直是我国经济的一个突出现象。由于我国客观地存在着地区间经济发展水平、财政和金融资源发展不均衡等问题，国内各地区之间的金融风险也存在显著的差异。如果简单地用信贷资产质量来衡量，可以发现最差的地区和最好的地区的不良资产率相差了10倍以上（中国金融稳定报告，2006）。从这个意义上讲，对于区域金融风险的系统性研究还相对薄弱。据此，研究区域金融风险的形成、传导机制，对有效地防范和控制区域金融风险具有十分重要的理论和现实意义。

1.2 本书研究的基本概念

一、区域金融

区域金融是一个国家的金融结构、金融资源配置与运行在时间与空间上的相对稳定的分布状态。它是与信息空间、经济发展、文化差异和组织体系密切结合的，既相互联系又相对独立的，不同形态、不同层次的金融活动相对集中的若干金融区域，这些区域金融的总和构成了一国的金融体系。

二、区域金融的脆弱性

金融的脆弱性有狭义与广义之分。狭义的金融脆弱性指高负债经营企业的特点决定了金融业具有更容易失败的特征，该特性也可称为金融内在的脆弱性。狭义的金融脆弱性强调“内在性”，即它是金融部门与生俱来的一种特性，对银行业来说，其脆弱性根源在于信贷资金的使用与偿还在时间上的分离。广义的金融脆弱性是指一种趋于高风险的金融状态，泛指一切金融领域中的风险积聚，包括信贷融资和金融市场融资。现代金融脆弱性理论的核心命题是市场经济内涵金融脆弱性，金融脆弱性始于金融扩张是其重要的观点，将其纳入区域金融的研究范畴就是大国经济发展不平衡格局下区域市场经济金融领域内涵脆弱性的表现。

三、区域金融风险

如果将区域金融定义为中观层面上的金融活动，区域金融风险也应该属于中观层面上的金融风险，这种区域金融风险的“中观”是与一国“宏观”相对而言的，其金融风险的区别就在于它是由于区域内的地方金融市场和金融业的发展的不均衡，由金融机构自身的脆弱性导致的个别或者部分机构或者产业的微观风险在区域内的传播扩散，或者区际之间的风险传染导致的风险。

1.3 本书的研究方法

一、规范分析与实证分析相结合

规范分析与实证分析相结合是经济分析的基本方法和要求。规范分析主要是确定区域金融质量的“好”、“坏”的标准，并用这些标准去衡量和评价区域金融风险；实证分析是利用指标体系和计量的方法客观地描述和刻画区域金融运行的实际状况。

二、静态分析与动态分析相结合

静态分析强调对某一时点的状态的解剖，动态则是对事物发展过程的研究。本书对区域金融风险的分析既采用了时点数据也采用了时序数据，并将两者尽可能地结合起来进行分析。在研究过程中，首先使用资产负债表的账面信息，通过资产负债表对东部区域的金融和企业两大部门整体的运行状况分别从货币错配、期限错配、资本结构错配及清偿力风险几方面进行结构性的风险分析；其次，鉴于资产负债表的资产负债结构只是对过去和现时状况的反映，而企业经营和金融机构的信贷是一个连续的过程，这种静态的分析存在远远不能满足未来风险防范需求的局限性，因此，本书利用金融工程方法，引入期权定价理论，使用上市企业和金融机构的股权市场价值编制或有权益资产负债表；最后，利用股权的市场价值及其波动率、无风险利率、违约距离计算出资产的市场价值和波动率，并在此基础上利用 VaR 方法求得主要经济部门的信用溢价和违约概率，从动态上衡量未来的经营风险。

1.4 本书的主要研究思路

本书的主要研究思路如下：

第一，处于中观层面的区域金融风险有其特殊性，同时也有宏观金融风险和微观金融风险的共性。中国作为一个大国，各地区的经济发展存在明显的差异性，尤其东部地区作为中国最具发展活力的地区，截至 2008 年 6 月 GDP 增量占比都在 60% 以上，这一地区的金融活动也最为复杂，金融资源最为丰富，各种金融形态表现得最为充分，因此，宏观金融风险和微观金融风险的一些理论同样适合于东部区域金融风险的局部分析，譬如金融脆弱性和金融风险的传导等。

第二，金融过度竞争和聚集效应同样影响区域金融风险。区域金融风险不是一个部门概念，而是地方金融市场和金融业是否能动态均衡发展的问题。金融竞争和聚集效应，不仅影响地区经济的健康运行，也影响金融业的稳健发展。过度竞争和行业聚集，导致风险的聚集，引发区域金融风险。

第三，金融机构的内部组织管理、风险控制措施是否完善、到位也是影响区域内金融机构是否能够正常运行，以致引发区域金融风险的主要原因之一。近几年，一些区域性商业银行或者金融机构不断出现的流动性风险和操作风险不断对完善金融机构的监管提出了更高的要求。

本书的结构安排如下：

全书共分 9 章，第 1 章是导论，第 2 章为文献综述，区域金融风险尽管有其特殊性，但是也有宏观金融风险和微观金融风险的共性，区域金融风险研究同样离不开金融风险研究的普遍性理论的指导。基于上述认识，本书着重对国内外关于宏观金融风险的金融脆弱性和金融危机研究的文献进行了系统的梳理。关于区域金融风险的研究，尤其是东部地区金融风险的研究实在不多，尽管有些文章算不上什么大家之作，但是其研究都能紧扣东部局部地区存在的金融风险隐患和实际工作中遇到的问题，因此，对于研究东部金融风险具有特殊的价值，本书一并做了认真的梳理和研究。

第 3 章基于对相关资料进行认真细致研究的基础上，归纳和总结了区域金融风险的形成、传导的一般途径及转移机制，尤其对东部区域金融风险的可能成因进行了分析。研究过程中发现，形成区域金融风险的原因很多，而且十分复杂，既有体制性的因素，如转轨时期以政府为主导的市场制度安排缺陷、地方政府对金融活动的不当干预，也有市场信用缺失、金融机构和企业自身治理结构的缺陷，尤其是复杂的经营环境，盘根错节的关联交易和担保链纠结在一起成为引发区域金融风险的主要原因。

第 4 章作为本书研究东部区域风险的理论平台，对传统的以银行信用风险为主体的金融风险研究方法和以指标法为主的区域金融风险预警体系进行了较为系统的评述，分析了相关方法和体系的优势与不足，提出了基于宏观金融工程视角的区域金融风险度量和管理办法，一种基于期权理论的分析方法，通过期权定价理论将企业资产负债表的存量和未来企业经营紧密地结合起来，并在此基础上构建起中国东部金融风险宏观金融工程研究的框架——资产负债和或有权益的分析方法。

第 5 章是基于宏观金融工程方法的实证研究。通过编制东部主要经济部门的资产负债表，并通过资产负债表效应，利用资产负债表矩阵分析部门货币错配、期限错配、结构错配、清偿力风险以及与风险相关的脆弱性、展期风险、流动性风险。

第 6 章以金融工程的期权定价理论为基础，根据东部上市企业和银行的市值编制或有权益资产负债表，由于或有权益资产负债表考虑了资产市值的波动，在识别企业部门脆弱性、研究清偿力风险和风险传导上具有优势。

第 7 章以或有权益资产负债表为基础构造 VaR 指标，进一步对区域金融风险进行了验证。区域金融风险的研究，仅有简单的资产负债只能从整体上把握中观层面的风险状况，“千里之堤，溃于蚁穴”，由于东部区域涵盖的范围广，区域差异在内部不同省区、不同产业、不同地区的同一产业都存在着相当的差距，要正确解读东部的区域金融风险，必须充分考虑区域的内部差异。

第 8 章通过对东部区域内的不同地区、不同产业的分析，揭示了东部区域内的局部区域和行业风险差异，从而为构筑相关政策提供依据。

本书最后给出了东部区域金融风险监控的有关政策建议，在研究东部金融风险的基础上，提出了建立与区域金融发展水平相适应的，符合区域经济发展要求的监督管理体系。

1.5 本书的创新与不足

一、创新点

1. 在总结前人研究的基础上，结合最新的研究成果对涉及区域金融学的相关概念，如区域金融、区域金融风险等给予了拓展，使其更符合发展的实际和未来研究的需要。

2. 首次将金融工程的期权定价理论引入东部区域的金融风险研究，通过编制东部区域主要经济部门的资产负债表和或有权益负债表，分析东部主要经济部门的货币错配、期限错配、资本结构错配和清偿力风险，并使用 VaR 方法度量东部主要经济部门的违约概率和信用溢价，丰富了区域金融风险的研究方法。

3. 在研究过程中将司法实践和经济运行相结合。经过分析论证，本书认为在中国现阶段政治体制框架内，公共部门（地方政府）不存在法律意义上的实际破产可能。因此，在使用资产负债方法对区域金融的研究中将公共部门（政府）排除，而采用宏观金融工程风险研究将政府作为其中的组成部分的做法。

4. 在对资产市值可能产生价格泡沫的监控上，本书尝试性地引入市盈率和市净率等一系列监测指标，以便更好地监测市场风险。

二、不足之处

尽管付出了极大的努力和热情致力于东部区域金融风险的研究，但是由于作者的学识和能力的局限性，本书的研究尚存以下不足，希望在以后的研究中能得到继续并有所突破。

1. 区域性金融风险成因复杂，不仅包括正规金融还包括非正规金融，特别是东部地区第三产业和私营经济十分发达，非正规金融影响深远，由于缺乏相关数据，未能进行这方面的研究，是本书的一大缺憾。

2. 本书的第二个不足之处是资产负债表和或有权益方法本身的局限性，不同质企业的资产在流动性上存在一定的差异，资产负债表方法在很多部门分析上由于数据短缺，无法满足这一研究需要。

3. 本书的第三个不足之处是金融自由化和资本流动对区域金融风险的影响问题，由于现有的金融机构在具体的贷款业务上存在一定的利率浮动空间，资本流动的数据更是缺乏，还有各大银行总行的直放直贷不在统计之中，这些都给研究的准确性带来了影响。

2 文献综述

区域金融风险作为中观层面的金融风险，尽管有其特殊性，同样也有着宏观金融风险和微观金融风险的共性。因此，研究区域金融风险离不开金融风险的普遍性原理的指导，金融风险的普遍性原理是研究区域金融风险的理论基础。

2.1 金融风险一般文献综述

2.1.1 关于金融脆弱性文献综述

一、国外关于金融脆弱性理论的文献

《新帕尔格雷夫货币金融大辞典》将金融的脆弱性定义为私人信贷创造机构，特别是商业银行和相关的放贷者固有的经历周期性危机和破产的倾向。这些金融中介机构经营状况的崩溃随后会传到经济中的各个方面，从而带来全面的经济衰退。当金融机构在面临经营状况恶化时，必然收缩信贷，工商企业难以得到贷款，它们维持自身经营和扩大生产的能力受到制约，导致产出和就业不断下降，经济全面衰退或萧条①。

最早的关于金融脆弱性的研究是关于货币脆弱性的。Marx（1867）根据货币的交易媒介职能，Keynes（1931）依据货币流动性偏好理论，分别分析了货币本身具有的脆弱性。Marx（1894）还从信用的角度提出了银行脆弱性的假说，他认为银行体系加速了私人资本转化为社会资本的进程，但同时由于银行家剥夺了产业资本家和商业资本家的资本分配能力，他自己也成为引起银行危机的最有效工具，加之其趋利性，虚拟资本运行的相对独立性为银行信用崩溃创造了条件。

---

① ［美］纽曼，米尔盖特，伊特韦尔：《新帕尔格雷夫货币金融大辞典（第二卷）》（胡坚等译），北京：经济科学出版社，2000 年版，第 76 ~ 77 页。

Fisher（1933）在总结前人研究的基础上对金融脆弱性进行了深入的分析，从经济周期角度解释金融体系的脆弱性，认为金融体系的脆弱性与宏观经济周期密切相关，尤其是债权债务的清偿，是过度负债产生的债务——通缩过程引起的。

Minsky（1982）从研究企业的角度对金融脆弱性做了比较系统的解释，并形成“金融脆弱性假说”。Minsky 对资本主义繁荣和衰退的长期（半个世纪）波动的情况作了分析，他认为延长了的繁荣期中就已经播下了金融危机的种子。这个 50 年的长周期，以 20 年或 30 年的相对繁荣期开始，在繁荣期受经济形势驱使而使信贷越来越容易获得，而工商企业必然利用这一宽松的信贷环境进行积极的借款。他将借款公司按照其金融状况分为三类：保值的、投机性的和蓬兹公司。保值性的公司在安排借款时，使它的现期收入能完全满足现金支付的要求，这类公司是安全的。投机性的金融公司预期近期内会出现临时的现金短缺，而更长一段时间内其现金流将大于债务。投机性公司就是那些一期又一期地滚转其债务，或者用债务再融资的公司。最危险的是蓬兹（Ponzi）公司，在金融上是最脆弱的，为偿还其现有的现金支付债务，它必须不断地增加自己的未偿债务，预期将来某个较远的时段会取得一个高利润能偿还其累积债务，并能赚到相当大的利润，这种公司的预期收益是基于那些需要很长的酝酿形成时期才能成功的投资，短期内其现金收益甚至不能支付借款利息。随着经济的繁荣，越来越多的公司呈现出投机和蓬兹两种风险较高的情形。由于对经济繁荣持有的乐观态度，企业投资于高风险、高收益以及回收期更长的项目，银行也乐于为此提供资金，这时银行看上去也越来越像投机类的或者蓬兹公司性质的金融组织。结果，生产部门和个别家庭的债务—收入比率上升，股票和房地产市场经历没有明显限制的价格暴涨，并且整个经济也变得不正常。一旦经济中出现不利事件，金融部门就会不愿再向生产部门提供新贷款，并产生从金融部门开始的“多米诺骨牌效应”，经济由此进入长期下滑阶段。Minsky 的观点来自 Henry Simons 和 Thorstein Veblen，后者通过对股票市场一些事件的分析，发现上升时期的公司定价与其时间盈利情况不一致。另外，查尔斯·金德尔伯格（Charles Kindleberger，1978）、艾伯特·翁尼苏尔（Albert Wojnilower，1980）、理查德·海林（Richard Herring，1986）、还有马歇尔（Marshall，1923）、约翰·梅纳德·凯恩斯（John Maynard Keynes，1931）也做过类似的研究和评述。

Minsky 在政策取向上更接近于凯恩斯，他断言正确的中央银行政策可以抵消银行被迫过度借贷的负面影响。但是他同时也担心由于银行家知道中央银行将在危机时充当最后贷款人，这会使他们更倾向于从事在总体上不利于社会的行为，如果中央银行事实上准备担保他们的业务，那么商业银行就会更加可能从事风险越来越高的贷款业务。因此，Minsky 转向财政政策——没有对商业银行的救援效应，用财政政策来克服由金融中介机构的破坏稳定性的行为引起的突然衰退，他更希望政府作为失业者最后的雇主而不是银行的最后贷款人。Minsky 将金融体系的内在脆弱性解释为代际遗忘导致人们忘记了对过去的危机的恐惧，而银行业的竞争会迫使银行做出不审慎的决策，商业银行接受存款和发放贷款的能力使金融体系和经济作为一个整体处于危险中。

为了更好地解释金融脆弱性假说，Kregel（1997）引用“安全边界”概念，解释银行收取的风险报酬。Kregel 认为过去是未来的重复，提出以借款人过去的信用记录并参照其他银行的做法来估计安全边界作为主要的借款依据。同时指出，即使银行和借款人都是非常努力的，但是这种努力是非理性的，对于金融脆弱性也无能为力，这是资本主义制度理性运作的自然结果。

Diamond 和 Dybvig（1983）建立的著名的 D－D 模型指出金融市场存在多重均衡，银行作为中介机构，其基本功能就是把不具备流动性或者流动性差的资产转化为流动性强的资产。银行提供存贷期限转换机制，存短贷长，这种独特的经营特点可能使银行处于“挤提式”平衡中。存款者对银行的信任是银行部门稳定的源泉，银行系统的脆弱性主要源于存款者对流动性要求的不确定性和银行资产流动性的缺乏，这实际上也是一个信贷资源期限结构配置的问题。Jacklin Bhattachearya（1988）在 D－D 研究的基础上，研究了由于生产的不确定性带来的银行脆弱性，明确了可能带来挤兑的因素。Dowd（1992）继续了这一研究，指出假如银行资本充足，就不会引起公众恐慌，因而也不会产生挤兑。总体来讲这些人强调的是存款人对银行的信任度。只要存款人对银行保持足够的信心，就能保证银行的正常运行；一旦存款人怀疑或者失去了对银行的信任，即使个别银行发生挤兑倒闭也会波及整个金融体系的安全。

Kaufman（1996）指出银行和其他金融机构在财务上具有很高的“杠杆效应”。与非金融机构相比，银行等金融机构可以有更低的资本资产比率，这使银行等金融机构补偿损失的空间很小，其清偿债务的能力也比非金融机构弱。Krugman（1998）认为道德风险和过度投资交织在一起，导致了银行的脆弱性，而政府对金融机构的隐性担保和裙带资本主义也是产生脆弱性的主要原因。

20 世纪 70 年代，Akerlof（1970）、Spence（1973）和 Stiglitz（1976）等人基于信息不对称理论，发表了一系列文章，奠定了微观经济学信息不对称理论的基础，颠覆了古典经济学市场完全信息的假设，并在金融市场的研究中得到了广泛运用，对研究金融机构的脆弱性提供了更为可信的证据。

Akerlof（1970）通过对二手车交易市场的研究，提出了著名的“柠檬理论”。Stiglitz（1976）指出信息已经成为经济活动中日益重要的因素，通过对多产品市场、资本市场和保险市场的研究，总结出逆向选择和道德风险导致的市场失败。贷款的潜在风险往往来自那些积极寻找贷款的人，而最容易导致与借款人期望相违背的结果的人，往往就是最想从事这笔贷款的人。因此，即使市场上有较低的贷款风险机会，放款者也可能决定不发放贷款。道德风险来自于贷款者在取得贷款之后从事借款者不期望从事的活动，而这些活动有可能导致贷款人最终难以偿还贷款。银行中介的规模优势有利于降低信息不对称导致的逆向选择和道德风险。基于这个前提，存款者对银行的信心至关重要，只有贷款者相信金融机构，才能导致相对稳定的银行存款，不至于发生挤兑。但是，由于信息的不对称，便产生了金融机构的内在脆弱性。

Stiglitz 和 Weiss（1981）的研究表明，在信贷市场上总是存在着逆向选择和道德风险，最容易导致金融机构陷入困境的是那些在繁荣时期可能产生丰厚收益，而在经济形势发生逆转时就会出现问题的项目，这些项目很难用一般的方法做出准确的判断。不当的激励机制使代理人为了追求短期效益，很容易产生短视，并忽视了风险。Mishkin（1996）用债务合约解释了这一现象。他认为约束借款人和贷款人之间的合约是一种债务合约，通常是分期偿还的，只要借款人在规定的时间里能按照合约的规定如期偿付，贷款人就会放松对借款人的监督，只有当借款人在经营不善、不能如期偿付的时候，贷款人才会审查借款人的经营状况，而此时借款人的经营往往已经形成偿还银行借款的违约风险。由于债务合约不需要银行经常审核企业的经营和财务状况，对企业而言，这种合约比股权合约更有优势，这也说明了为什么企业并不主要通过发行股票融资。正是因为这种信息不对称所导致的逆向选择和道德风险，以及存款者的“羊群效应”可能导致存款市场上发生银行挤兑，才使银行等金融机构具有内在的脆弱性。

Jacklin 和 Bhattacharya（1988）等人建立了基于信息的银行挤兑模型，引入存款人和银行的双向信息不对称：银行不知道存款人的流动性需求，存款人不知道银行的资产状况。当部分存款人获得关于银行资产不利的信息时，就会产生挤兑。由于银行的存取款是基于大数法则，只要存款者对银行经营存在信心就不会发生挤兑，但是由于银行经营始终存在着“囚徒困境”，往往少数人的理性导致了多数人的非理性而产生“羊群效应”，在不利于银行的信息产生时，就会引起存款者的恐慌，从而导致挤兑。Matutes 和 Vives（2000）认为过度的存款竞争和存款保险，使银行选择风险高的贷款项目，不当的激励机制使代理人愿意承担更大的风险，因为一旦高风险的贷款获得成功，管理者将获得更高的收益，即使失败，也无非是失去工作，或者受到很小的惩罚，这种不当的激励机制使理性的管理者反而更倾向于追求能够产生高收益的风险项目，由此，大大增加了金融机构的脆弱性。

一些经济学家从金融市场投资决策和心理预期、金融自由化和金融创新视角，探索金融的脆弱性，认为金融市场的脆弱性主要来自资产价格的波动性和波动性的联动效应，以及金融自由化和金融创新带来的利率自由化和衍生金融产品投机、国际资本流动。

Keynes（1936）、Soros（1969）、kindleberger（1978）认为人们投资金融市场的目标并非为了期望未来某一时间从公司内赚取多少红利，往往更看重赚取金融资产交易的差价，由于各种金融资产未来的现金流是不确定的，因此，人们往往是通过预期确定该项金融资产的投资价值，任何预期都能影响未来的盈利判断，从而影响金融资产的交易价格。经济繁荣时期使股票等金融资产的价格上涨，以至达到无法用经济基础解释的水平，由于严重脱离了经济基础，必然发生市场逆转，泡沫破裂引起证券市场的大幅波动，增加了金融市场的脆弱性。

Fama（1970）等人则从不完全市场信息的角度研究了金融市场，认为完全有效的市场是不存在的。由此，不可避免地发生市场操纵，有实力的投资者经常依靠信息优势和资金优势，恶意操控市场，使中小投资者和不明真相的人陷入投资陷阱。

利率自由化使金融机构能够更好地按照贷款的风险确定放款利率，但是金融自由化引起的利率变动，使贷款者更难确定经营成本，特别是在投资高涨时期，利率大幅上升，使贷款者面临偿债风险，甚至无法偿付，带来金融体系的不稳定，这一观点的代表人物有 Carter（1989）、Hellenman，Murduock 和 Stiglitz（1994）。同时，金融自由化会加剧商业银行之间的竞争，导致利率水平下降，收益减少，迫使商业银行从事高风险的投资。Weiss（1981）认为利率的提高会诱使资产的平均质量下降，信贷风险增大，信贷资金就会流入投机性强的房地产和证券业，造成资产价格泡沫。

东南亚金融危机之后，很多经济学家加快了对金融自由化下的国际资本流动的研究，Kaiminsky 和 Reinhart（1996）、Stanley（1998）发现资本流动可能会不断地引发金融危机。金融创新的最直接效果就是导致衍生金融产品的产生和迅速发展，衍生金融市场在提供避险工具的同时，带来的是严重的投机行为。由于传统产业的利润率下降，许多企业参与其中自营买卖，作为维持利润高增长的途径。Walmsley（1988）认为由于这些企业的规模具有足够的影响力，在投机失败后，将影响整个金融体系的安全。

二、国内有关金融脆弱性文献

曾康霖（2004）分析了金融脆弱性和富韧性的关系，提出了利用富韧性特点降低脆弱性、加强监管的意见。樊纲（1999a，1999b）指出由于发展中国家缺少市场制度规范和管理能力，因经济制度缺陷和经济政策上的失误，在参与全球化的过程中，其金融体系更为脆弱。

殷孟波、甘煜（1998）认为中国存在着特有的制度性风险，表现为资金配给制和信用关系脆弱，使金融风险集中到银行。殷孟波（1999）以“中国信用基础脆弱性分析”为题分析中国信用基础脆弱性的原因、危害和提出解决中国信用基础脆弱的方案。殷孟波认为这是由于中国信用基础的脆弱性造成的，信用基础的脆弱性既包括久远的历史根源，又隐含深刻的制度性因素。黄金老（2001a）重点对西方金融脆弱性的文献综述，对传统信贷市场和金融市场上的脆弱性、金融脆弱性的度量、演化机制和金融全球化下国与国之间的金融脆弱性联系与风险传导作了分析。黄金老（2001b）主要以金融自由化为主线，从各个方面论述了金融脆弱性，比如利率自由与金融脆弱、企业经营与金融脆弱、金融创新与金融脆弱、机构准入自由与金融脆弱、资本自由流动与金融脆弱。赵旭（2000）介绍了银行体系内的脆弱性理论和预算约束理论，并对其进行分析评价，最后简要探讨了这两个理论对解决我国银行风险的启示。张荔（2001）论述了过度的金融自由化对金融体系脆弱性的助推作用，文章指出了过度的金融自由化的内涵与衡量标准。伍志文（2002）运用18个相关指标测度了1991—2000年，我国金融脆弱性的变化，结论是波段式的起伏，银行的脆弱性最高，金融市场尤其是股市的脆弱性增长最快。孙伍琴（2001）、赵华刚（2004）以及王玉、陈柳钦（2006）都有相关文献综述。

侯尧文、胡怀邦（2008）从资产价格泡沫入手，研究了资产价格波动引起传统商业银行脆弱性问题。孙立坚、牛晓梦、李安心（2004）从金融体系的基本功能对经济增长影响的视角出发，研究了金融脆弱性的微观形成机制和对实体部门的传导，结论是金融脆弱性表现在银行业的信贷能力不是取决于政府货币政策，而是取决于银行的基本功能的发挥是否正常。艾洪德、郭凯、高新宇（2006）撰文实际上是一篇关于西方金融脆弱性的文献综述。向新民（2005）探索了金融脆弱性到金融危机的演化过程。陈华、尹苑生（2006）从国有商业银行改革的角度，使用3种计量方法，选取了25个指标就银行体系的脆弱性状况的成因进行了量化分析。马卫峰、刘春彦、踪家峰使用进化博弈论的分析框架探讨了金融脆弱性，该模型优于D-D模型，可以对不同的制度安排之下银行挤兑发生的可能性进行讨论。

章奇、何帆、刘明兴（2003）通过对政府开放度指标（CapFil）的分析，得出了政府的各项政策组合和制度安排之间的和谐、一致性不仅影响到这些政策制度的运行效率，也会影响到金融危机的发生概率。

钟伟（1998）认为亚洲金融危机是通过国际性金融深化导入亚洲的外部危机，并不完全取决于东亚国家金融体制本身的不稳健性或东亚政府的危机解救措施，它反映了东亚国家在推行金融自由化以融入国际金融体系时的转轨风险。而危机的实质则暴露了当代国际金融体系的内在脆弱性，是在金融资本全球化及其风险具有高度传染性时，缺乏相应的全球监管机制所造成的区域性危机（广义的区域概念，非本书研究的区域金融风险区域——编者注）。钟伟（1998）事实上是强调金融自由化对金融体系脆弱性的助推作用。刘明心、罗俊伟（2000b）的要点：东亚国家企业和银行部门资产质量的下降，风险暴露的增加，以及融资结构的恶化和日趋脆弱的财务状况，为引发全面危机埋下了隐患。该文利用东亚国家在危机发生前的详尽数据资料，一方面提供翔实的证据，另一方面试图说明这些国家的企业部门的投资质量下降和金融结构日趋脆弱的基本原因。刘明心、罗俊伟（2000b）事实上是强调一个国家内部的金融脆弱性，与明斯基所讲的脆弱性的概念一致，他们的研究对象是东亚国家。马文秀、王祯军（1999）也是强调一个国家内部的金融脆弱性，与刘明心、罗俊伟（2000b）所讲的脆弱性的概念一致，他们的研究对象是东亚国家。

樊会文（1998）从利率、汇率、银行信用、证券、金融衍生工具、宏观金融风险等方面研究了金融风险及其管理。刘海啸（1999）从银行信用与风险、证券市场、汇率等方面研究了金融风险。杜佳（2001）从金融不稳定的累积效应、测评指标、演变效应来研究金融的不稳定，对中国金融的不稳定只是评析。韩平（2001）从商业银行的信贷风险生成、识别与管理来研究。苏同华（1999）从银行危机的成因、传染、金融效率与安全来研究，其特点是研究的面广。张陶伟（2001）从虚拟经济、信用、金融机构的不稳定性、金融创新与金融自由化等方面研究了金融的不稳定性。宋清华（2000）主要从银行危机的发生、传染、救助、接管、并购、预警与预防等方面研究了银行危机及其管理。陈学彬（1997）主要研究了银行不良资产与金融风险、通货膨胀间的关系。这些文章的特点都是研究的范围比较宽。

除了上述文献外，还有众多的文章，其特点大多与上述文献相似。

2.1.2 关于金融危机文献综述

一、国外关于金融危机的文献

（一）传统危机理论

传统的金融危机理论建立在“通货—紧缩”理论的基础上，将“金融的脆弱性”和“过度负债”作为金融危机的根源，认为金融危机无可避免，并呈周期性地爆发，代表人物有 Fisher（1933）、Minskey（1975）、Kindleberger（1978）等。其次是以诺贝尔经济学奖获得者 Friedman 为代表的货币主义学派。

欧文·费雪的“债务—通货紧缩”理论的核心思想：经济繁荣时期为追逐利润“过度负债”，当经济不景气、没有足够的“头寸”去清偿债务时，引起连锁反应，导致货币紧缩，其传导机制是：债务人为清偿债务廉价销售商品（导致）→存货减少、货币流通速度降低→总体物价水平下降→企业债务负担增加、净值减少→利润水平下降、破产、产出减少、就业减少→社会成员悲观和丧失信心→人们追求更多的货币储藏、积蓄→货币流通速度下降→名义利率下降、实际利率上升→资金盈余者不愿贷出、资金短缺者不愿借入→通货紧缩。对于欧文·费雪的“债务—通货紧缩”理论，后来的经济学家有了丰富和发展，主要有明斯基的“金融不稳定假说”、金德尔伯格的“过度交易”理论，以及沃尔芬森的“资产价格下降”理论，托宾的“银行体系关键论”。

Kindleberger（1978）的理论与目前流行的行为金融理论（含羊群行为）有一个相同之处是强调人们行为的非理性。心理学家认为这是人类的从众心理，社会学家认为是人类的集体无意识，而经济学家则从投资者之间的信息不对称性（Rajan，1994）、机构投资者运作中的委托—代理关系以及经济主体的有限理性（Deven 和 Welch，1996）等角度来探讨羊群行为的内在产生机制。

以 Friedman 和 Shcwartz（1963）为代表的货币主义学派，认为金融危机是产生或者加剧货币紧缩效应的银行恐慌，将危机的原因归结为货币政策失误。在中央银行承担最后贷款人的责任及存款保险制度建立后，真实的金融危机不会发生，主要债务人的财务困境、资产价格下跌都是虚假的金融危机，反对中央银行进行干预。

（二）现代金融危机理论

20 世纪 70 年代，金融危机理论开始形成比较独立和完善的理论体系，建立起了现代金融危机理论。

第一代金融危机理论的代表人物是 Krugman（1979）、Flood 和 Garbar（1984），该理论强调扩张性的财政政策和固定汇率制度之间存在着本质的冲突，扩张性财政政策导致不良贷款增加，可能引发财政赤字，货币当局为了解决财政赤字避免财政危机，增加货币发行并征收铸币税，导致影子汇率向上攀升，巨额的经常项目赤字和固定汇率政策的矛盾，为投机者提供了攻击的目标，随着收支状况的进一步恶化，货币当局不得不放弃固定汇率，引起资本外逃，导致金融危机。第一代金融危机理论强调经济基本面的影响，特别是政府失误的财政和货币政策。

第二代金融危机理论以“博弈论”为核心，由 Obstfeld（1994、1996）、

Sachs、Tornell 和 Velasco（1996）等学者提出。他们认为在资本市场上对于外汇的买卖，有持有者，有卖出者。他们在买卖过程中形成“博弈”，参与“博弈”的既有广大的投资者，又有中央银行，由于他们各自掌握的信息不同，在博弈中就会选择不同的行为，会形成“多重均衡”。如果投资者情绪或者预期发生变化，就会发生“从众行为”和“羊群效应”，推动危机爆发，这一理论与宏观经济基本面没有太大的关系。1992 年，英国面临失业和汇率之间的两难选择，结果放弃了有浮动的固定汇率制，英镑退出了欧洲汇率机制。

20 世纪 90 年代，亚洲及东南亚金融危机爆发后，出现了第三代金融危机理论，第三代金融危机理论以“脆弱性”为核心，主要学者有 Mckinnon 和 Pill（1998）、Krugman（1998）、Mishkin（1998）、Radelet 和 Sachs（1998），这一理论至今还存在着很多争议，目前比较趋向一致的认识就是认为金融体系本身是脆弱的，如果再加上人为的因素，如“道德风险”、“过度负债”、“隐性赤字”进一步加重了金融体系的脆弱性。在这种情况下，使一国经济容易遭受“自促成”式的冲击。譬如，投资者失去了对投资前景的信心，大量的投资被撤出，同时向银行挤兑，货币不得不贬值；还有，企业的财务状况恶化，限制了企业的发展，为了寻求出路不得不抛售资产，迫使本币贬值等。这一理论与第一代、第二代的不同之处是，问题出在银行系统的本身，由于金融机构大量投资，出现了大量的呆账、坏账。Krugman（2001）在特拉维夫讲学提出了一个更为一般的模型，“一些第三代模型实质上非常像伯南克（Bernanke）和盖特勒（Gertler，1989）提出的封闭经济条件下的金融脆弱性模型，本文提出的金融危机模型可能根本不会是货币危机模型，它将是一个更一般的货币危机模型，其中其他资产价格起了重要作用”。

第三代金融危机理论，Krugman（1999）提出的运用资产负债研究金融危机的方法为宏观金融工程风险管理提供了理论基础，关于这个问题将在后面的实证部分进行详细的论述。

二、国内关于金融危机理论的研究

国内关于金融危机的研究在巴西和东南亚金融危机之后得到了迅速的发展，这方面的著述和文献很多。

曾康霖（1998）从社会经济背景、金融自由化、出口导向型经济缺陷、文化建设等多个角度进行了研究。

樊纲（1999）提出了“开放不兼容性”理论，认为在金融开放和金融全球化之间存在着冲突，在逐步形成和完善的市场制度、市场管理能力和“过度”金融自由化之间的不兼容性，使发展中国家的金融体系更为脆弱；认为必须处理好改革与开放的关系，使外部市场开放和内部制度建设互相兼容，并对国内市场给予足够的重视。樊纲（1998）认为发展中国家在国际竞争中受国内体制、政策、知识等问题的制约，使它们在国际竞争中处于不平等的地位，在国际金融市场风险面前更具有脆弱性，造成亚洲金融危机的根本原因不是国内制度和宏观经济政策的问题，而是国内改革过程与开放不成熟的金融市场之间的不协调。

殷孟波、徐加根（1999）认为导致金融风险的生成和积累的最根本原因是经济生活中存在对收益与风险对称性原则的破坏，由于存在政府管制和行政垄断，损害了风险定价机制，使金融交易的双方处于不对等也就是不公平的交易地位。

钱颖一、黄海洲（2001）认为银行稳定是金融稳定的关键，即使金融危机的爆发点不在银行（譬如货币、汇率或者股票市场），但是随之而来的银行危机对经济带来的危害往往最大。

吴晓灵（2008）认为美国的次贷危机的根本原因是衍生产品的基础产品违背了信贷可偿性原则，没有注重借款人的第一现金流，而是寄托于抵押品，同时复杂的金融创新使客户难以了解产品的风险。

宋清华（2000）主要从银行危机的发生、传染、救助、接管、并购、预警与预防等方面研究了银行危机及其管理。

由于国内对金融危机的研究往往与金融脆弱性是联系在一起的，在金融脆弱性文献综述部分，已有所总结，在此不再重复。

2.2 区域金融风险文献综述

2.2.1 国外关于区域金融风险文献

正如我们前面所提到的，国内外专注于区域金融风险研究的文献非常少。国外，研究区域金融风险的文献主要散见于讨论货币政策对区域经济影响和区域利率差异方面，对于风险只是简单的叙述，而没有专门的分析。国内，则专注于区域稳定性的模型化研究，对于风险的分析缺乏系统的论述。

研究国家宏观货币政策区域影响居于支配地位的是新古典综合学派：货币主义和新古典凯恩斯主义。

新古典凯恩斯主义通过建立大型的区域结构模型来证明货币政策以更间接的方式影响经济和商业周期，在区域层面和国家宏观层面呈一致性。

Carrison 和 Chang（1979）根据1969 年1 月至1976 年1 月的季度数据估计了美国八个地区基于出口理论的区域凯恩斯主义模型。结论是，由于经济结构的区域差异，耐用品制造业越是集中的地区受货币政策影响程度越高于农业和矿业比例大的地区。其实，Lawrence（1963）已有类似的结论，国家货币政策变化对城市区域的影响最大。Chase 计量学协会（1981）借助于对美国四个城市和四个农村的区域模型研究得出和 Carrison、Chang 同样的结论，紧缩性政策对城市的影响大于农村。

Miller（1978）在《美国货币政策区域效应》一书中，通过一个两区域模型解释了由于联邦储备委员会的货币操纵改变了资源向一个地区的流量，这又被货币乘数扩大，从而影响区际经济关系。

Henderson（1944）检验了区域间成本和风险差异解释 1920 年和 1930 年的借款成本差异，结论是差异是由于成本而非风险。然而，Rockoff（1977）发现美国 1870—1914 年某些区域利率较高是由于银行经营失败率较高，属于风险因素。

Aspinwall（1979）构造模型用于检验区域担保利率的影响，并估计了 1965 年各月的情形，结论支持与市场结构相关的变量和区域收入对区域利率的解释力，认为似乎风险变量是不重要的。

Schaaf（1966）试图用风险、距离和需求压力解释美国 1964—1974 年担保利率的区域差异。Winger（1969）批评 Schaaf 用借款—价值比率作为风险测定指标：不同的借款人可能因为他们的资产偏好或对运作规制的约束的不同对相同的风险做出不同的反应。他指出，风险的区域差异是因为区域增长差异造成的。

Roberts 和 Fishkind（1979）研究了利率的空间波动，试图解析引起区域信贷市场分割的因素。指出区域越孤立，银行业务面越宽，因此，利率的区域差异性就越高。银行业务面之所以越宽，因为区域越是孤立，就意味着交易成本越高、可用性越低和金融条件的信息成本越高；区域越孤立，区域资产的供给和需求越是缺乏弹性。一方面，需求方面缺乏弹性反映了当地借款人对资金来源的银行的依赖越高，因为当地借款人多数是家庭和小企业，他们孤立于中央金融市场；另一方面，供给方面越是缺乏弹性，反映了银行感受到的风险越高，或者边缘市场（孤立区域）越难以进行风险管理。

这些文献的相同的地方是都没有给出关于区域金融风险的内涵，研究的范围、目标及研究的对象，而是基于承认风险的存在这个前提展开相关性研究。而基于他们研究的样本来源的不同，得出的结论也存在很大的差距，譬如Rockoff（1977）和Aspinwall（1979）在短短的两年之间，研究得出的结论却完全不同，从某种意义上说明了区域金融风险因地域差异而产生的复杂性。

2.2.2 国内关于区域金融风险文献

国内，近年来对区域金融的研究渐渐地重视起来，但是大多数也是局限于对区域金融差异、区域经济增长和区域融资等的研究，关于区域金融风险的专著至今尚未发现，文献资料数量也很有限。

易纲（2005）研究认为受区域企业组成结构的影响，银行不良资产率呈地域特征。以浙江、上海和苏南为代表的沿海发达地区，经济增长率高，不良资产率低；以东三省为代表，经济增长率低，不良贷款率高；西北经济不发达地区经济增长率低，银行不良资产率也相对较低；以广东为代表的部分地区，经济增长率高，银行不良资产率也高于全国水平，证实了我国金融系统风险确实具有区域特征。姜建华、秦志宏（1999）以“非均衡发展格局下的区域金融风险与宏观金融运行”为题，提出了我国非均衡发展格局下的区域金融风险的形成与传导、存在状态及区域金融风险的防范与宏观金融的稳定运行，将区域金融风险产生的原因归结为区域经济发展格局差异和经济转轨时期地方政府的不当干预等原因，不足之处是缺乏实证分析。

刘仁伍（2001）在《区域金融结构和金融发展理论与实证研究》中，将区域金融风险描述为“一种不同于宏观金融风险和微观金融风险的中观尺度的金融风险，没有宏观尺度的利率风险、汇率风险、购买力风险、政治风险引发整体金融风险的特征，也不完全等同于由于信用风险、流动性风险、经营风险为主的微观金融风险。中观尺度的金融风险主要是由于个别金融机构的微观金融风险在区域内传播、扩散构成，或者其他经济联系密切的区域金融风险向本区域扩散引起的关联性金融风险，当然也可能是宏观金融风险在本区域传播引起”，并使用区域金融相关比率等指标，借助海南金融发展进行了相关的实证。但是，缺乏对区域金融风险的成因、区域金融风险的传导机制及风险转移的系统性研究。

孙颖（2007）认为区域金融风险是指一个经济区（一般以中央银行大区行的划分）内经济运行过程中，经济主体在金融活动中受损失的不确定性和可能性，或者说经济主体在金融活动中预期收益和实际收益出现偏差的概率。区域金融风险具有双重性，即突发性和更强的外部传导效应，并可以预测和控制。区域金融风险的累积和传递会引起国家的金融风险，她分析了区域与整体以及不同区域间的风险差异。该文除定性研究还有研究空间外，缺乏实证。

张志元、雷良海、杨艺（2006）从区域金融可持续发展的角度，提出了城市金融达到最优稳态、实现可持续发展受贴现率效应、开发成本效应和增长效应三方面的影响，同时还提出了金融受众失信、金融结构失衡、城市银行内部的非理性竞争导致的生态链断层、中央和地方权力不合理的以城市为主导的区域金融风险。该文认为城市金融系统具有资源有限、相对稀缺的特点，其完善和运行都取决于当地社会财富的积累。

林朴（2007），周意珍、余子华（2007），陈夏钢、陈世蛟（2006）分别从信贷投向集中化、房地产价格波动、金融机构竞争性失衡探讨区域金融风险，这些文章都没有有力的、可供参考的实证。田霖（2006）借助他人对金融生态研究的成果、对银行不良资产的地域分析，给国内各省（自治区、直辖市）的金融风险做了一个评分，以东部的北京、上海、浙江等最为安全，其本人亦称不够准确，仅供参考。韩大海、张文瑞、高凤英（2007），崔光庆、王景武（2006）从区域差异、政府行为、区域生态角度指出金融资源过度造成恶性竞争，引发区域金融风险。任蕾（2006）探讨了区域金融风险差异化的成因和对策。毛金明（2005）以山西为例研究了民间融资的经济与社会效用及其对正规金融的冲击和金融风险。夏志琼（2004）指出担保链暗藏区域金融风险。

李成（2001、2006）认为影响区域风险的因素很多，引发的直接成因是个体金融机构经营失败和公众信任危机，不仅会造成区域内经济金融混乱，而且极易诱发系统性风险；认为区域金融风险主要表现在：中国商业银行的不良资产比例较高，借款经营企业效益欠佳，地方金融机构管理水平低等方面。张本照、孙悦（2005）认为区域金融创新在分散、规避区域金融风险的同时，又创造了新的区域金融风险，部分金融创新工具具有引发更大风险的潜在危机。

耿宝民、韩忠奎、安国涛（2008）探讨了地方政府在处理区域金融危机中的作用。张华强、高飞（2005），张企元（2004），李云霄（1999），王中宇（1997）都是从人民银行基层行的实际工作层面提出了区域金融风险与监管理论，不足之处是缺乏理论分析与实证研究。李庆锁（2007）从区域协作方面研究了区域风险防范。

张旭、陈敏（2007），王立平、陈瑶（2007），李嘉晓、秦宏、罗剑朝（2006），邹积尧、隋英鹏（2000）提出区域金融风险的防范与化解的一些具体举措。刘利红、何德好（2008），沈庆劼（2007），人民银行福州中心支行课题组（2006），武汉金融课题组（2006），张宗成、程明英（2005），易传和、安庆伟（2005），欧阳禹、申焕章、黎和贵（2005），李心丹、张亚波（1999），蔡则祥（1999）从构建区域金融风险评估系统和区域金融风险预警方面进行了相关研究。类似的文章比较多，基本都囿于传统的风险指标评估体系，内容和方法大同小异，缺乏创新。

2.3 中国东部金融风险文献综述

对东部区域金融风险的研究是最近几年才开始的，这方面的文章和文献不多，主要集中于单一区域和行业的研究。但因其侧重于实际，在研究区域金融风险方面具有较高的参考价值。

崔光庆、王景武（2006）认为海南房地产金融泡沫的形成是制度变迁过程中，地方政府为发展经济过度扩充金融机构的结果。刘仁伍（2002）认为过高的金融相关比率是造成海南金融泡沫产生的重要原因之一，1988—1998年国有银行为逃避金融监管在海南成立了几十家信托投资公司和城市信用社（信托投资公司从1988年的9家猛增到1989年的25家，随后保持在20家左右，1993年开始合并、改制和撤销，减少到1998年的9家；城市信用社从

1988年的9家，一直发展到1997年的34家，1995年在5家信托投资公司的基础上合并成立了海南发展银行），由于这些金融机构复杂的产权关系和与国有企业的特殊利益联系，关联交易严重扭曲了金融交易的本质要求，使金融机构和非金融机构陷入了金融泡沫。

钟士取（2008）以温州地区为例，采集2004—2006年数据，选取GDP增长率、房地产/固定资产投资、信贷投放/GDP、不良贷款率、非信贷资产不良资产率、拨备覆盖率、利息回收率、中长期贷款比率、存贷比率、金融突发事件、保费增长、证券交易额等23个涉及宏观经济、银行金融机构、保险、证券、监管（监管效率通过问卷调查取得）等部门行业的宏微观指标，分析了温州地区的金融风险，结论是温州地区的区域金融形势相对稳定，但是受突发事件影响较大。正如作者本人指出的，由于温州地区发达的非正规金融导致庞大的民间融资没有被纳入体系，还有对监管效率数据采集的局限性，同时使用的层次分析法涉及人为因素较多，在准确性方面还有待提高。郭福春（2008）对浙江省的金融风险研究认为：浙江金融还没有形成完善的法律、道德制约体系；浙江企业股权结构复杂，存在先天性缺陷；民营资本充裕，民营投资的股东价值趋向短期利益最大化，高层管理人员素质不高；地方政府和金融部门在管理上缺乏一定的前瞻性；企业融资渠道狭小，过于依赖银行信贷支持，市场金融风险过度向银行集中，潜在信用风险较大。同时，银行业金融机构市场定位雷同以及部分银行信贷投向的过度集中，加剧了系统性风险的积聚；个别信托投资公司、证券公司等地方性非银行金融机构违规经营，存在影响金融稳定的因素等。一旦爆发危机，其风险因素和影响容易在短时间内迅速蔓延。韩大海（2007）认为自1995年以来，东部地区ΔGDP/Δ贷款指标明显走差，显示资金使用效率差于内陆欠发达地区。一方面，东部地区依靠易于获得的信贷资金支撑着依然高效的加工工业；另一方面，巨额的银行信贷资金、外贸盈余资金、民间闲散资金及外来投机资金在东部地区的大中城市炒作房地产、股票、拉升本币，是影响未来经济的最大不稳定因素。用ΔGDP/Δ贷款单一指标来解释房地产、股票等的价格变化有明显的缺陷，因为GDP增长与贷款变量的比不能完全反映资金使用的效率，还与GDP基数及东部产业调整和东部企业资金向中西部基础资源流动相关。

人民银行南宁中心支行课题组（2007）认为在区域合作框架内，存在的银企信息不对称容易造成多头贷款、垒大户，导致风险集中。同时，跨地区的关联公司因为不规范的关联交易，也会积聚风险。宁波银监局课题组（2006）以宁波房地产为研究对象，发现宁波的房地产随加息及加息预期、房地产不良贷款变化呈上升趋势。人民银行温州市中心支行课题组（2005a、2005b）以温州为例，研究发现银行业贷款过度集中于贷款大户和基础设施，房地产贷款增长过快，存在流动性隐患；侨汇的复杂性及结汇，影响国家的货币政策在温州的效力发挥，影响金融机构的稳定，甚至容易引发挤提风险。此外，证券业的违规经营、信用中介机构的体系建设不完善、特别是温州民间金融的周期性信用风险，都是温州地区存在的金融风险。

艾洪德、张羽（2005）从辽宁省银行经营体系、资本市场、金融制度变迁方面研究了辽宁省作为老工业基地存在的巨大金融风险，国有企业的高负债和较低的净资产收益率，使国有企业偿债能力低下，而国有企业的资金主要来自银行贷款，国有企业风险转嫁给了国有商业银行，导致企业风险转变为金融风险。张野（2005）从长三角地区的产业结构、金融体系的脆弱性和监管缺失方面探讨了长三角的区域金融风险。雷顺英（2004）总结了北海市关闭14家城市信用社后发现的信用社经营中存在的问题，包括金融机构从业人员任职不合格或素质低下、高息揽储等违规经营、财务管理混乱，从一定程度上反映了金融体制改革初期城市地方信用机构中存在的问题。

3 区域金融风险理论研究

第2章专门讨论了关于金融风险的一般性文献以及对区域金融风险，特别是东部区域金融风险研究的相关文献。我们对金融风险形成的原因和显现化——金融脆弱性及金融危机有了一个比较全面的认识，对中国区域金融风险的研究有了一个概括性的了解。本章在前章的基础上专门就区域金融风险形成的原因、风险的传导机制和转移方法展开研究，重点探索在中国区域经济发展存在显著不平衡的格局下，东部区域金融风险的成因、潜在的不稳定因素、风险的传递路径和风险转移。

3.1 区域金融风险的形成、传导与转移机制

3.1.1 区域金融风险的形成

一、非均衡发展格局下区域金融风险的形成

非均衡区域金融发展格局，是形成区域金融差异的主要原因。区域金融发展的非均衡格局源于区域性社会资金流动，而基于优先发展经济的国家宏观区域性的政策安排，进一步加剧了区域资本在垄断格局下的调节，使资金的使用出现财政化倾向。

在计划经济体制下，一方面，银行信贷资金的财政化运行使得金融机构的设置和资金的接收地区成为一种中央的财政福利，地方政府专注于金融机构的设置，以争取更多的资金；另一方面，诱导地方政府严格防范和限制本地资金的外流，从而形成社会资金在全国范围内流动的政策壁垒，使得传统的区域融资机制具有强烈的区域封闭性。在这种资金运行机制上形成的区域经济金融运行格局，抑制了资源向使用效率更高的地方流动，从而使得资源配置必然会不断偏离基于区域专业化分工和地区比较优势内在要求的合理布局。

改革开放后，财政、计划、投资等体制的改革推动了社会资金在不同区域

间的大规模流动，区域间金融市场的发展、整个经济市场化进程的不断推进，都在不同程度上打破了计划经济条件下行政化的区域金融运行的管制性的平衡格局，导致金融运行逐步向市场化的、非均衡的状态发展。

这样，中国整体经济的同质性已被地区差异性所取代，区域金融运行状况的非均衡特征越来越明显。地区经济金融发展的二元性（或者说多元性）也就成为中国金融的基本特征之一，其中主要表现在东部沿海地区与内地中西部地区之间的差距。不同地区的金融运行规律的差异也导致金融风险累积程度的差异，在特定条件下，局部地区的金融风险可能进一步形成金融危机，并向其他地区蔓延。

非均衡的发展格局下，区域性金融风险形成的主要原因如下。

（一）同一宏观调控措施对不同区域的经济金融运行形成不同的影响

由于东部经济较发达地区在中国经济中占有举足轻重的地位，其经济波动与中国的整体经济波动呈现出基本的一致性，因此，中国单一的宏观金融政策的制定更多的是以较发达地区的经济运行为参照系，但由于金融制度和所有制结构上的差异，使覆盖全国的宏观金融政策在不同地区产生了不同的效应。经济较发达地区非国有经济所占比重较大、金融市场发育程度高、企业筹资渠道广。而欠发达地区经济主体主要是国有经济，金融市场发育缓慢，企业融资主要依赖国家银行，银根紧缩对经济欠发达地区企业的不利影响远比经济较发达地区企业大，因为中央银行的紧缩措施通过国有商业银行首先传导给国有大中型企业，而对国有商业银行依赖程度小的非国有企业影响较小。同时，经济较发达地区由于开放程度高、发展快、投资回报率高，比经济欠发达地区企业的投资扩张速度快，在宏观政策开始逐步放松时，现实经济运行中首先启动的必然是经济较发达地区。这样，宏观金融政策的紧缩在使经济较发达地区经济从过热状态冷却下来的时候，却使经济欠发达地区企业发生资金紧张，社会资金的正常流动受阻；当宏观政策趋于放松时，又会出现经济较发达地区经济再度趋热及通货膨胀的进一步蔓延。因此，在发展非均衡的格局下，单一性的宏观政策可能会成为落后地区的金融风险形成和累积的诱因。

（二）地方政府对金融活动的干预，尤其是不当干预行为增大区域性金融风险

在经济转轨的进程中，地方政府获得了大量权力和财政利益，其经济行为

在区域经济金融运行中的影响越来越明显，其对金融活动的干预已经成为金融风险形成和累积的重要原因。在地方利益导向下的区域金融运行，会使地方保护主义加剧，反过来又对区域金融运行形成十分不利的影响。

地方政府的机会主义经济行为最集中的表现就是地方保护主义和重复建设，传统经济体制下的产业同构化弊端在改革开放过程中被复制和放大，重复建设、盲目建设和分散化建设极大地降低了资金（其中主要是银行信贷资金）的使用效率，在建设效益低下时必然是由金融系统承担最终风险，并形成区域性金融风险的累积。事实上，由于重复建设等所导致的银行不良资产在银行整个不良资产中占有相当的比重。这些重复建设之所以能够完成，一个很重要的原因是在金融机构行政化设置的背景下，地方政府对金融机构资金运行的干预有增无减，同时，金融机构自身的约束能力、内部控制能力得不到有效提高，银行资金的财政化使用在不断转换形式，银行资金的分散化管理和区域金融运行的相对封闭性，在现实上推动了重复建设，并且加大了银行资金自身的经营风险，影响了宏观金融调控目标的实现。另一个原因，在机构准入上，根据现行的政策制度，只要地方有了金融机构，就能从国家取得资金，也导致了金融机构在特定地区的急剧扩张。海南省在20世纪90年代达到了3 000人一个金融机构的比例，相当于国际金融中心香港的金融密度。接下来，金融机构为了获得有限的资源，陷入了恶性竞争和违规经营，导致了金融泡沫危机。

二、区域融资渠道的多元化导致区域性金融风险形成渠道多元化

传统的宏观金融调控方式在考虑区域发展时，主要从财政资金、银行资金的角度来加强监控和调节。但是，随着经济体制转轨的不断推进，各地的区域金融运行中，除了继续从传统的财政拨款和银行信贷中获得资金外，还通过发行证券、吸引外资、利用财政信用等途径筹措资金，区域金融运行的融资渠道日益多元化。与传统计划经济体制相比，各地的自筹投资取代中央财政拨款、预算外投资取代预算内投资、金融贷款取代财政投资，成为区域金融运行的主要资金来源渠道，传统的封闭型融资体制有所打破，部分资金脱离了传统的金融监控的视野。显然，转轨时期的这种资金运行方式的风险是相当大的。

从总体上看，市场化融资发展迅速，削弱了政府行政力量在区域融资机制中的传统主导地位，企业、非国有金融机构和个人投资者的力量不断加强，使传统监控手段的实施效果趋于下降。从不同区域看，由于各地金融市场化推进程度不一致，传统计划经济体制下融资机制的地域同构化被打破，区域金融运行的区际差异趋于明显，一些地区对资金的吸纳能力和辐射能力明显增强，从而越来越对全社会的资金运行格局和各地的区域金融运行格局产生明显的影响，并形成区域性风险的累积和传导的渠道。

三、货币化程度的区域差异不断加剧，是形成区域性金融风险的重要原因

理论上说，货币化程度的区域差异，是区域经济不平衡的重要原因，同时又是影响区域金融运行的关键性因素。中国货币化程度的地区差异近年来表现出扩大的趋势，这是由于在市场利益的驱动下金融活动向局部区域积聚的结果。由于东部发达地区在经济的货币化进程方面进步较快，有利于经济结构和金融结构的调整，资本形成的规模与效率明显高于中西部地区，从而在提高自身资金运用效率的同时，还吸引了大量追求收益最大化的中西部地区的资金。这一方面降低了落后地区承担风险的能力，另一方面也使得不同地区的金融风险的传导速度加快。

改革开放30多年来，中国东部沿海地区经济增长迅速，非国有经济成为经济发展的主要动力，这些经济实体的资本金较高，资产负债运作能力比较强，实际利率（资本成本）处于相对较低的水平，资本使用效率和效益明显。而中西部地区经济的主要成分是国有经济，目前国有经济的主要缺陷是资本金比例较低，企业效益比较差，企业经营严重依赖银行信贷，在中国高度统一的利率政策下，资本出于逐利性，加剧了中西部资金的流出，进一步加剧了这些地区的资金紧张。在东部经济出现波动时，中西部资金受到的资金风险压力在“杠杆效应”下将进一步加大。社会资金的大规模跨区域流动，为区域性金融风险向其他地区的迅速传导提供了渠道。

四、基于国家优先发展区域经济的区域性宏观调控政策，进一步加剧了区域资本在垄断格局下的调节，使资金的使用出现财政化倾向

国家出于优先发展经济和平衡地区差异的需要，实行地区性的优惠政策，利用优惠政策吸引和换取发展建设资金，导致社会资金迅速向这些地区集中，加上这些地区优惠的金融政策和宽松的监管环境，使这些地区在取得先发优势的同时，产生急剧的资金聚集效用，导致短期资金严重的流动性过剩，不仅使宏观金融政策的有效性遭到削弱，也使这些短时期积聚的资金，难以在当地市场消化，金融机构为了取得“未来优势”，争夺未来市场，开始就从事违规经营或者将资金投向低效率的企业。特别是在中国以国有大型银行为核心的总分行体制下，资金的调动和使用更为便利，由于信息的不对称及政府调控政策的干预，银行内控机制受到削弱，资金的投放迅速向这些地区转移，信贷额度在这些地区加大，财政性倾向明显，导致资金的使用效率低下，使区域金融风险在局部地区迅速聚集、沉淀。

五、区域金融合作的信息不对称加大了区域金融风险

目前，中国区域金融合作基本都处于区域经济合作的框架内，一是强强联合，譬如长三角、珠三角和环渤海湾经济合作，这些地区经济发展程度高，金融业也最发达，监管体系比较完善，投资管理也最成熟，区域金融合作的风险相对较小；二是以帮扶和经济互补为主的合作，如“泛珠三角 9 +2”区域经济合作，这类合作横跨不同的发展地区和经济带，既有“一国两制”下的三种货币、三种金融制度，又有三种不同的区域金融特征，各地区经济发展水平参差不齐，落后地区需要发达地区的资金支持，发达地区需要落后地区的资源，空间跨度大，信息不对称严重，风险管理手段不成熟，出现个别企业、行业信贷集中，加上关联企业关联交易，在政府主导下的逆向选择和道德风险加剧，存在着风险隐患。

表 3 –1　2000 年、2005 年广东省与泛珠区域其他八省（自治区）相互授信情况比较　单位：亿元

区域	广东省对泛珠 8 省企业授信情况		泛珠 8 省对广东企业授信情况	
	2000 年末	2005 年末	2000 年末	2005 年末
福建	0. 14	48. 10	0. 84	8. 55
江西	0. 00	4. 99	0. 25	1. 86
湖南	4. 04	55. 78	3. 17	9. 47
广西	0. 01	58. 72	0. 22	68. 25
海南	5. 02	55. 51	0. 00	0. 75
四川	0. 05	26. 02	0. 34	0. 69
贵州	0. 00	1. 51	0. 48	0. 50
云南	0. 00	20. 76	0. 00	3. 39
合计	9. 26	271. 39	5. 31	93. 46

数据来源：中国人民银行广州分行。

根据广西发布的统计资料，截至 2005 年末，广东的金融机构给广西的贷

款余额为人民币59.34亿元，占广西异地贷款余额的61%。

在我们关注金融聚集风险的同时，金融运行的扩散风险也应该引起关注。在中国非均衡的发展格局下，随着金融市场的发展，我国不同地区的企业与企业、银行与银行之间存在着纵横交错的债权债务链条，这些债务链条从另外一个角度看，就是传递或扩散金融风险的通道，往往一个债务人的支付危机在特定情况下会诱发连锁反应。因此，如果微观层面的个别和局部的金融风险控制不力，波及范围迅速扩张，则可能演进成为全局性的金融风险。

六、地方性金融机构有可能成为中国区域金融风险的高危触发根源

从整个金融业来看，地方性金融机构管理风险更为突出。一是地方性金融机构资本充足率低，非独立法人机构营运资金不充分。部分地方性金融机构账面价值不真实，存在虚增资本金的问题；存在重复计算、凭空对转和呆账准备金提取标准偏低，不足以抵消实际贷款风险的问题。二是地方性金融机构资产和负债结构比较单一。资产结构中主要是贷款资产，证券等可变现资产占比较小，贷款资产中有近60%以上是一年期以上的中长期贷款，绝大部分又属于为企业长期占用的铺底性周转资金，“硬负债、软资产”潜伏很大的支付危机①。受区域经营限制，部分金融机构贷款集中于少数企业，风险过分集中，严重超出资产负债比例对风险管理的要求。部分地方性金融机构专业人才缺乏，管理缺位，内控制度不健全，缺乏自我约束的有效管理机制；同时，受到地方政府的绩效考核机制的干预，成为地方政府的提款机和“小金库”，违规贷款事情时有发生，造成不良贷款增加，甚至出现资不抵债，导致金融风险的发生。

七、社会信用缺失是造成区域金融风险的主要原因之一

市场经济是契约经济，信用是市场经济正常运转的纽带。在市场体制下，各类经济主体之间的经济联系是靠信用、契约关系来维持的。当前，中国社会信用问题突出表现为信用体系缺失、企业失信严重。具体到银企来说，中国的银行信贷占据信用体系的主导地位。然而，商业银行作为企业，其经济利益很大程度上被忽视，成为不良信用的直接受害者，企业通过改制、不正常破产等

① 李成：《区域金融风险控制：中央银行监管系统的轴心》，载《西安财经学院学报》，2003（1）。

手段逃废银行债务。"截至2002年底，在国有商业银行开户的改制企业62 656户，贷款本息5 792亿元，通过金融债券管理机构认定的逃废债务的改制企业达32 140户，占改制企业的51. 29%，逃废银行本息1 851亿元，占改制企业贷款本息的31. 96%。"①

八、金融监管缺位，使金融风险得不到有效监管

中国金融业实行分业经营、分业监管的金融运行监管模式，但是由于市场机制不完善，转型时期金融业面临复杂的监管环境，金融监管往往难以达到监管目标，一是监管存在盲点，监管机构重审批、轻管理；二是监管的执法力度不够，对金融违法的打击力度较弱，以罚代刑现象严重；三是金融监管人员的结构不合理，部分监管人员的个人工作能力有待提高。

3. 1. 2 区域金融风险显现化

在中国20年来金融体制改革过程中，金融机构的种类和数量发展非常快。部分省（自治区、直辖市）为了加快地区经济发展速度，存在地方性金融机构审批不严、业务范围界定模糊的问题；一些地区的城市商业银行、地方信托投资公司以及信用合作社存在违规经营、内部失控、资产状况低下等问题，这些造成中国地方性金融机构的潜在风险。1997年以来，中央银行先后关闭了海南发展银行、中国新技术创业投资公司、广西的一批信用社、广东国际信托投资公司等一批出现严重挤兑、资不抵债等问题的地方金融机构。这些地方性金融机构的危机是引发区域性金融风险的重要因素，如果处理不当，极有可能引发区域性金融危机甚至会波及国家经济与金融的稳定。目前，中国国有商业银行制度是一级法人制度，各银行总行是一级法人，在这种制度下，分支机构不具有法人资格，其行为所产生的后果最后都要由总行来负责，加之各金融机构广泛分布于全国各地，总行或总公司对其各分支机构缺乏有效的管理和约束，几个甚至一个分支机构的违规或不审慎都可使局部、区域的金融风险转化为全局、全国的金融危机。

目前，国际上一般把银行面临的主要风险概括为信用风险、国家转移风险、市场风险、利率风险、流动性风险、操作风险、法律风险及声誉风险。具

① 李嘉晓，秦宏，罗剑朝：《论区域金融风险的防范与化解》，载《商业研究》，2006（19）。

体到中国，特别是区域性经济运行的特点来说，金融风险的主要表现形式有以下几种：

一、微观领域的银行信用风险

这是银行贷款对象无力到期偿还贷款的风险。目前，银行业特别是国有商业银行信贷资产质量持续下降，成为当前最突出的金融风险。由于体制和其他种种原因，国有银行的“一逾两呆”贷款已达到相当严重的程度。分地区看，不发达地区国有商业银行的不良贷款率明显高于发达地区，有的高达10倍多（2006，区域金融运行报告），远远超过20%的全国平均水平。更为严重的是，不少地区上报的不良贷款统计数据还经过了某些形式的“处理”，真实的不良贷款比例极有可能更大。再加上一些地区银行应收未收或事实上无法收到的利息大量增加，信贷资产质量下降的问题十分严峻和突出。这就为在某些局部区域发生金融信用危机创造了条件。

二、区域性的金融市场风险

改革以来，企业的资金供应从主要依靠财政拨款到银行贷款并逐渐转向直接融资。虽然目前企业直接融资的比例还不算大，但这毕竟是改革所要经历的基本轨迹。问题在于，随着企业直接融资规模的扩大，各地相继出现了各种区域性证券交易中心、产权交易中心、权证交易所等多种形式的区域性证券市场。对于这些区域性证券市场，由于缺乏明确的政策规范，有关部门也疏于管理，使其处于放任自流的状态。在一些地区，通过这些区域性证券市场直接改制的企业管理混乱，效益甚差而无力分红，催债的趋势日渐扩大。各类企业通过区域性金融市场甚至不通过任何机构批准，各种形式的乱集资、变相集资和企业内部集资在一些地区十分普遍，其中大多数存在到期兑付困难的问题。还有一些地区的农村合作基金会和部分供销社，以招股方式变相高息吸收公众存款，部分基金会因备付金太少已经引发挤兑风潮。这些问题无疑进一步加大了爆发区域性金融危机的风险，有些实际上已经是区域性金融危机的初期征兆。对此，我们不能不给予高度的重视。

三、金融机构的流动性风险

就商业银行而言，资产能否保持高流动性是能否实现稳健经营的一个关键因素。由于国有企业长期处于困境，致使国有商业银行的资产流动性已经受到了相当的影响，个别地区的国有商业银行也在事实上出现过支付困难的情况。

更为严重的是，一些地区的银行业和非银行金融机构已难以满足客户提取现金要求。特别是一些中小金融机构，如城乡信用社和部分县、市金融机构，因管理不善、经营机制不健全、不良贷款率极高，随时都会出现支付困难。一旦在这些中小金融机构出现挤兑风波或支付危机，就会成为区域性金融危机的导火索。

四、金融机构因内部控制系统和治理机制的失控存在操作风险

一些地区银行因违规操作、过度投机，已造成了巨大的经济损失，加之金融业是巨额货币资金的集散地，容易滋生经济犯罪，也是抢劫、诈骗等犯罪活动的重要目标。近年来，金融领域内贪污、诈骗等大案要案不断发生，而且金额越来越大。这些现象都说明，金融领域内的操作风险在中国不仅普遍存在，而且在一些地区还十分突出。

3.1.3 区域金融风险的传导与转移机制

正如上面已经提到的，区域金融风险的形成是宏观经济政策、中观区域经济发展不平衡、微观金融机构自身原因多重作用的结果。对于跨区域的大规模的资金流动，显然受宏观经济基础的影响更大些，由跨区域风险传导形成的系统性风险属于宏观层面的问题，因此本书只是简要介绍，不做进一步的分析，留在以后的工作中继续研究。

1. 区域金融风险的宏观传导主要是依托资金流和货物流传导，这种在区域之间的传导严重的将引发系统性风险甚至导致金融危机，传导路线如图 3 –1 所示：

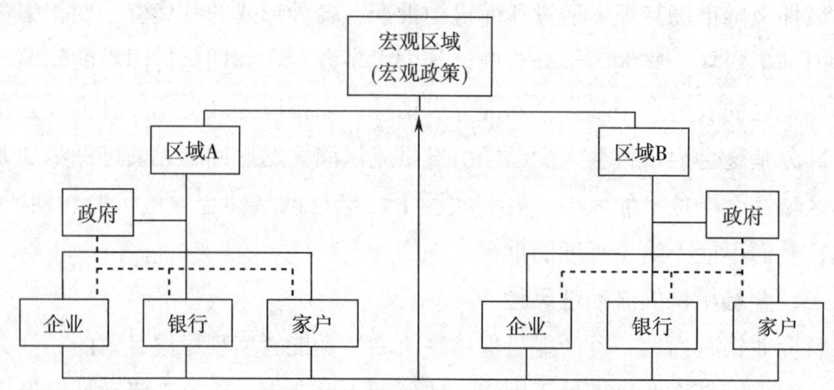

图 3 –1 宏观区域风险传导路线图

通过研究，我们可以发现，宏观区域风险是一个双向的传导机制，在基本部门累积后，如果不能得到有效的释放，将回传最后汇集到顶部，形成系统性风险。在宏观区域风险传导过程中，地方政府其实处于中间阀门的位置，体现了政府在处理区域性（地方性）危机中的作用，政府的双重角色值得关注。以下，我们重点研究区域内的风险传导和转移机制及金融风险传导对实体的影响。

2. 区域内的金融风险传导机制和风险转移。金融风险的形成归根结底是由金融机构的资产及其流动性决定的。金融机构具备充足的资产和流动性，就不会引起金融机构的经营风险。但是由于受经营特点的影响，过多的资产存量往往影响金融机构的收益，因此，要实现完全的流动性是不可能的，信用成为银行经营的根基，信用体系是建立在无数的链条基础上的，环环相扣，任何一环脱节都可能引发信用危机。

区域内部的金融风险的形成与区域内实体的经营状况关系最为密切，而区域内的实体的经营状况、关联交易、担保链就成为区域金融风险传导的主要途径。

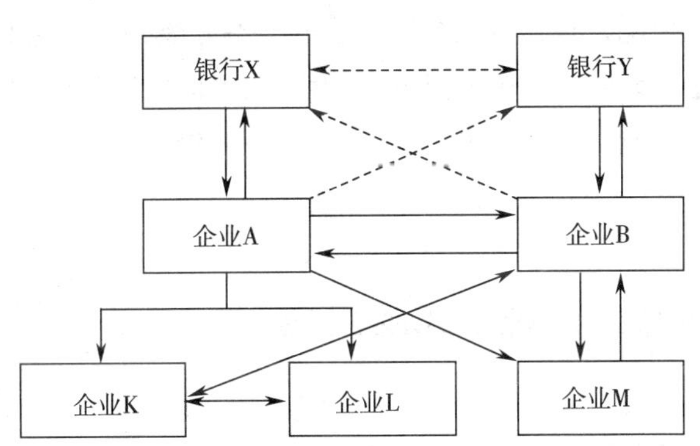

图3－2　区域内的金融风险传导途径

图3－2是一个关于公司之间的令人眼花缭乱的担保圈，上述A、B两家生产企业都取得了银行X、Y的授信，但是彼此之间按照银行的要求实行互保，或者为了取得更多的贷款在不同的银行之间互保，而企业K、L是企业A的子公司或者关联企业，M是B的子公司或者关联企业。由于授信系统的缺陷，信息披露不透明等原因，银行X、Y也可能同时给企业A、B提供了相应

的授信。

下面，我们来研究区域金融风险的传递路径，由于复杂的债务担保，原本没有关联的两家银行因为信贷的原因被捆绑在一起（这里先假设两家银行之间不存在同业拆借的资金往来）。由于彼此担保，因此，只要有一家公司的经营失败，其母公司或者关联担保公司另外的一家都会被卷入，只有在相应的母公司具有充足的偿债能力的时候，才不会导致债务危机，一旦母公司的偿债能力不足，就导致所有的公司被卷入，而这种债务危机又迅速地传导至金融机构（银行），两家银行就会出现“囚徒困境”。至此，即使因为企业良好的经营基础出现的短暂的流动性困难，银行也很可能为了急于回收资金、保全利益而提前收贷，导致企业破产。假如银行出现无法回收贷款的情况，银行必然承受损失，一旦出现信息的不对称，很可能造成储户的挤兑，从而引发区域金融风险。如果银行之间存在大量的资金拆借，就会引起连锁反应，导致区域内风险的迅速放大和蔓延，以至传递引起系统性危机。这种债务担保链引起的金融风险对中小金融机构，特别是区域性的金融机构影响很大，由于自身的资本金比较小、信用基础比较弱、抵御风险的能力较低，地方性金融机构很容易出现挤兑破产的情况。因此，转移区域金融风险的根本是改善现在企业经营资金主要依赖银行信贷的局面，完善企业经营，加强银行间的信息平台建设，增加企业信息的透明度；同时，加速资本市场的发展，拓宽融资渠道，鼓励企业以自有资本发展。

3.2 中国东部区域金融风险研究

3.2.1 东部地区金融经济发展概况

一、东中西部区域三大产业带划分的由来

根据“七五”计划，全国划分为东、中、西三大产业带，东部北起鸭绿江入海口的辽宁，沿着中国海岸线一直到北仑河口的广西，加上北京，共12个省（市、区）；中部包括黑龙江、吉林、内蒙古、山西、安徽、江西、湖南、湖北、河南等9个省（区）；西部含陕西、甘肃、宁夏、青海、新疆、四川、贵州、云南、西藏9个省（区），重庆升格为直辖市后，变为10个省

(市、区)。这一划分和后来的西部大开发战略不同，后者将内蒙古和广西划到了西部；同时，海南也享受西部大开发的优惠政策。

经济产出的地区分布显示：东中西三大产业带经济比重呈梯级递减趋势，东部最高，产出一直占全国的一半以上。2002 年东中西三大产业带生产总值占全国的比重分别为 59.94%、26.59%、13.46%，2004 年这一比例变化为 58.4%、24.7%、16.9%，东部尽管略有下降，仍然占全国的一半以上。全国四个生产总值上万亿元的省市都集中在东部。

东部是中国，乃至当前世界上经济最为活跃的地区，这里集中了长三角、珠三角和京津冀三大全国最具经济活力和发展实力的城市集群。

二、东、中、西部区域金融资源比较及研究东部金融风险的必要性

(一) 金融机构的数量、人员和机构比例

东部无论是金融机构、从业人员还是资产总额都远远超过中西部。据统计，2005 年、2006 年、2007 年东中西三大区域银行业金融机构的占比分别为 42%、30%、28%，42%、31%、27%，43%、30%、27%；从业人员的占比分别为 48%、29%、23%，50%、31%、19%，49%、28%、23%；资产总额占比分别为 65%、18%、17%，67%、18%、15%，67%、18%、15%（数据来源：中国区域金融运行报告 2005—2007)。为了更直观地观察东中西三大产业带的金融业发展状况，我们将以上数据制成柱状图，如图 3－3 所示：

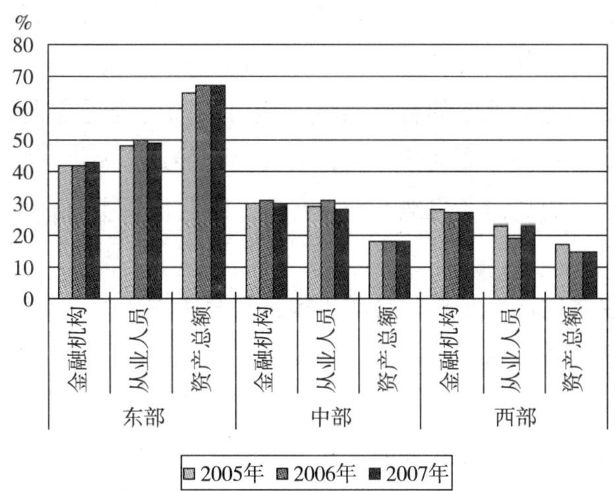

图 3－3　2005—2007 年东中西三大产业带金融业的发展概况

图 3－3 可以明显地看出中国的金融资产主要集中在东部，而且这一比例还有逐步扩大的趋势，中国区域金融发展的不平衡格局呈明显加剧趋势。

（二）金融机构类型

东部不仅有老牌的金融中心北京，更有发展中的国际金融中心上海，全国性的金融机构的总部都集中在东部，全部落户在上海或者北京、深圳。这里有国内最为发达的金融交易市场、国内两大证券交易所、2/3 的期货交易所、大大小小的区域产权交易中心、专业的从业人员，涵盖了从国有大型股份制商业银行、非银行金融机构、地区商业银行到小额贷款公司、金融互助协会等各种类型的金融机构和金融活动，这都显示了东部强大的金融实力，东部金融占据着国家金融的命脉地位，把握住东部金融的脉搏、稳定东部金融相当于稳定了中国金融的大半个江山。

3.2.2 东部地区金融风险的形成、传导和转移机制

一、局部政策调整产生虹吸效应和短期积聚效应（区域政策优惠性），导致局部区域内流动性过剩，资产价格、土地价格出现泡沫

改革开放后，为了发展经济，国家在东部首先建立经济特区，实行对外开放、搞活经济的政策。在随后的若干年里，即使在西部大开发过程中，国家始终没有停止在东部的实验性政策研究，先后建立了若干保税区、经济开发区，包括上海浦东的综合开发试验区、天津的滨海新区综合配套试验区，这些优惠政策极大地促进了东部的经济发展，强大的虹吸效应也给东部带来了全国各地的资金，加上东部得天独厚的自然条件、相对内陆更为适合人居的生存环境，使东部地区产生了局部的流动性过剩，物价上涨导致区域性通货膨胀，大量资金为了寻找突破口而流向了房地产开发行业，引起房价上涨过快，局部地区出现房地产价格泡沫。

二、计划模式的产业布局，金融机构自身竞争性压力，对计划立项造成过高的预期，导致信贷投向单一（企业政策性审批制度）

由于国家对大型项目实行立项审批制，东部便利的交通条件对特大型项目特别具有吸引力。因此，在众多的金融机构眼里，立项便成为衡量企业未来经营前景的重要标准（搭便车），大量的金融机构存款在效益和投资环境恶化的压力下集中投放于大项目。由于大项目具有投资大、建设周期长的特点，使大

量的短期资金被长期化。在经济环境发生变化的情况下，很容易使原来建设的项目出现问题，导致金融机构损失。而银行是一个通过资产负债表上持续期不匹配来创造流动性的行业，大量的积淀的长期贷款发生期限和结构错配，必然影响银行的流动性，从而导致银行经营风险。

三、金融机构结构和设置问题，城市密度过大，农村金融不足，造成过度竞争和过度垄断

金融体制改革实行集约化经营的一个非理性表现就是对于经营效益较差的分支机构和网点采取大规模的撤销、降级、合并等措施，特别是国有商业银行撤出农村和乡镇，导致金融真空。一方面，在乡镇和农村，增加了农村信用社的经营压力，出现了农村信用社的区域性单一金融体系，增加了信用社的经营风险；另一方面，大量的金融机构在城市聚集，由于区域可选性降低，导致城市金融资源的恶性竞争，引发金融风险。

四、专业评估准确性与信息不对称和企业骗贷

在外商投资企业高度密集的东部，因专业评估和信息不对称造成的银行信贷损失更应该引起我们的重视。由于某些跨国公司总部和主要资产都在国外，这些企业来华投资，往往以表面的财大气粗自居，更具有欺骗性。由于它们投入的项目往往规模大、技术先进，很多属于资金密集型企业，它们看中的是国家的优惠政策，因此，在依靠最初的投入取得银行贷款后，往往实行高负债的滚动发展模式。为了取得廉价的贷款，有的企业专门利用信息的不对称制造财富假象，甚至出现虚报抵押资产价格的手段骗贷。加上金融机构自身的定价能力，亦或聘用的专业评估机构缺少对称的信息，使抵押物的估值出现严重偏离，一旦企业经营不善将导致金融机构的贷款血本无归。仅举一例：2003 年，某海关查获某外商投资企业进口的一批造纸设备的零配件，根据海关掌握的内部价格资料，这批零配件的价格不足 25 万美元，但是整个进口报价达到了 5 300多万美元，海关以涉嫌套汇立案调查，并及时通知了外汇管理部门，但是因为属于“政绩工程”受到了来自地方政府巨大压力，该企业以高技术为理由不予配合，还利用这些设备作为抵押从某大型国有银行取得了抵押贷款。

商业银行自身的经营机制和风险意识薄弱也是造成信息不对称的原因，某商业银行还专程组织相关人员到国外考察该企业的国外总部，甚至接受国外资产抵押，这些现象现在似乎只能用不可思议来解释。

五、资金担保链危及区域金融安全

前面的分析，已经提到企业之间的担保链成为引发区域金融风险和传导风险的主要路径。在东部地区上市公司的互保现象十分普遍，潜在的风险不容忽视。

截至2007年末，东、中、西部区域上市公司总数为1 626家，东、中、西部上市公司的数量分别为1 034家、344家、248家，东部上市公司数量占全国上市公司数量的60%，这基本与东部的GDP相符。东部上市公司不仅绝对数量大，而且相对集中于三大经济圈，例如深圳市本地上市公司数量达到了96家，相当于西部地区甘肃、青海、陕西、西藏、贵州、重庆等省区市的总和。

上市公司在通过资本市场直接融资的同时，也带来新的问题。上市公司通过透支信誉套取贷款，给银行和中小股民带来损失，此类案例在东部表现得较为突出。同时，金融机构对上市公司的过分信任，使这一趋势愈演愈烈。从福建“担保链”到上海“担保链”、深圳“担保链”，银行和中小股民经历了心惊肉跳的股市风险。2002年的年报显示，沪深两市共有899家上市公司公布了涉及担保事宜，比率高达70%，担保金额1 197.77亿元。2002年财政部规定企业应在法院判决情况下，将担保损失金额确定为预计负债，引发担保地雷。

以ST九州为例，福建省内几乎所有的银行都是九州的债权人，且ST九州、ST海洋以及ST中福与福建10多家上市公司存在互保，ST九州退市，造成银行大量不良贷款，中福等也因担保而被停牌。根据最高人民法院《担保法》司法解释，“董事、经理违反《中华人民共和国公司法》第六十条规定，以公司资产为本公司股东或者其他债务人提供担保的，担保合同无效”，最重要的是该解释具有溯及力，这对银行的担保贷款影响极大。由于很多银行贷款都属于此类担保，一旦法院判定合同无效，巨额的银行资金风险暴露，必将引起区域金融动荡。

六、地方政府干预和地方性金融机构缺乏经营的自主性

地方政府将地方性金融机构作为自己的钱袋子已经成为一种普遍现象，特别是一些非上市的地区性商业银行，风险更大。由于这些金融机构的大股东都是地方的国有企业或机构，实际上这些区域银行也成了地方政府的私有财产。

出于政绩工程、形象工程，地方政府在权力的支配下将这些金融机构作为地方建设的提款机，将短期流动资金转化为长期贷款，期限错配等风险严重。同时，因为这些区域性的金融机构本身的治理结构不健全，从业人员缺少专业化知识，本身的资本金规模较小，流动性风险突出，一旦出现问题，必然导致挤兑，从而引发区域金融风险，海南发展银行就是典型的例证。

七、投机资本的快速短期流动

东部雄厚的民间资金具有强烈的联动效应，这些资金善于“游击战”，聚集时间短，投机性强，能在较短的时间里迅速集中投向某些产业（如房地产、股市等），产生爆发式的冲击力，并在赚取短期超额利润后迅速撤离，所到之处引起当地的资产价格剧烈波动，影响金融稳定。

八、地下金融是“红颜”还是“祸水”

东部地区一直是中国地下金融最为活跃的地区，尤其是福建、浙江、广东有裙带做会的传统，这种以竞标获取资金使用权的方式，因为缺少制度保障和契约约束，很容易被一些食利者和诈骗分子所利用，而且这种民间的信用具有突发性、周期性的特点，波及面比较大，极容易引发金融风险，危害国家安全。但是地下金融是否一无是处？这也是现在极具争议的话题。Allen，J. Qian和 M. Chan（2003）研究表明，如果金融体系是脆弱的，民间投资和个人消费对经济增长确实有促进作用，可以设想非正规的金融渠道有可能取代正规金融部门发挥着它们的积极作用；樊纲（2003、2005）、吴晓灵（2006、2008）也多次指出，鼓励发展中小型民营银行，给地下金融以合法的经营身份，引导资金走上正规的健康发展的道路。相关研究也证明地下金融在浙江、福建等第三产业和小加工工业比较发达的地区，对经济增长发挥了重要作用。

九、外向型经济的“罪”与“罚”

“中国制造”曾经一度是我们的骄傲，依托外向型经济迅速崛起的加工业，为经济发展赚取了外汇，吸引了外来资本。东部沿海地区的中、小加工业基本都属于这一模式。我们知道外商投资的根本原因是看中了我们优惠的税收政策和廉价的劳动力市场，在一片繁荣的背后我们已经在为我们的模式“埋单”。由于没有技术和品牌优势，出口企业利润微薄。“以玩具业为例，一个芭比娃娃我们的出厂价 1 美元，在美国的沃尔玛零售价格是 9. 99 美元，那 1 美元，原料占了0. 65%，生产价0. 35%，你晓不晓得我们能赚多少钱，1 美分了不起了吧。我们是剥削我们的劳动者，浪费我们的资源。用这么贱的 1 美元的价格卖到美国去，他最后以 9.99 美元的价格卖给消费者，他们席卷了所有的利润"[①]。据国家统计局公布的资料，2008 年上半年，中国东部共有 6.8 万家中小型企业倒闭。由于东部的中小企业的资金来源除了自有资金外，大部分来自民间借贷、城镇信用社和地方性银行，这无疑将影响到社会的稳定，增加地方金融机构的不良资产，增加区域金融风险。

十、参股金融、房地产是多元化投资、风险分散还是投机

参与金融交叉持股，到底是产业资本和金融资本还是企业投机？由于传统产业的利润空间越来越小，一些国内著名的企业和品牌也参与到交叉持股，积极地投资金融证券和房地产等行业，典型的有雅戈尔、两面针、海尔、海欣等，企业在短期内取得了惊人的收益。雅戈尔投资中信证券 3.2 亿元，当年获得 7 600 万元的红利，投资回报率达到 23.75%；广发证券的第一大股东辽宁成大获得 1.27 亿元收益，占公司净利润的 75%；东方集团参股新华人寿，当年每股 1 元的投资两年后变为每股净资产 5.25 元；红塔集团金融证券投资领域的全部利润近 5 亿元，年投资收益率为 20%。Weiss（1981）指出，由于利率提高传统产业利润下降，为了获取更高的收益，企业倾向于投资房地产和证券业这类更高风险和收益的项目。由于房地产和证券业是投机性很强的产业，具有更高的收益和风险水平，很容易引起资产价格泡沫，从上市公司参股金融企业的情况看基本与这一时期中国宏观利率调整方向相同。以两面针为例：

降低印花税必然刺激个股交投活跃，以佣金为主要收入的证券公司是最大受益者，也是近期证券股走强的主要原因，同样持有证券公司股权的上市公司财富也将迅速增值。典型的两面针（600249）是中信证券发起人股东之一，且均为可流通股，前期发布公告将在未来 6 个月内以不低于 90 元/股的价格出售中信证券不超过 1 200 万股份，近期中信证券 10 送 10 除权，即公司至少还持有中信证券 4 200 万股以上，市值 15 亿元以上，公司一旦在二级市场上套现，则可保证两面针丰厚的收益。

（一）借北部湾起飞，构建大集团

2008 年 2 月《广西北部湾经济区发展规划》获国务院批准实施，公司是

① 注：引自郎咸平的演讲报告 2007 年 11 月 16 日，中国八大危机之详解，上海演讲。

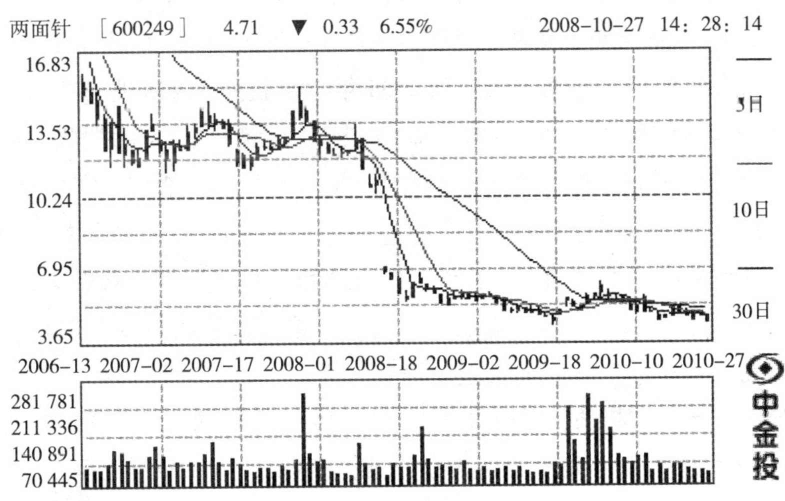

资料来源：Wind。

图 3-4　“两面针”股价走势

全球最大中草药牙膏生产企业之一，两面针品牌也是国内知名品牌，将受益匪浅。两面针股份有限公司董事长梁英奇表示，公司将在坚持做好民族中药牙膏的前提下走“大日化”的发展战略道路，即以两面针品牌为依托，继续高举民族工业、民族品牌的旗帜，推进洗涤用品、酒店用品、精细化工及医药等产业的发展，加快并购及资本运作进程，用3~5年时间，构建一个年销售额达到80亿元到100亿元的企业集团。

（二）低市盈率，业绩成长1 860%

除中信证券股权外，公司拟出资2亿元投资参股广西北部湾银行，持有其股份1亿股，占商业银行总股本的5%。近期大盘以超跌反弹为主，低市盈率个股因价值低估得到主力的关注，两面针公司的业绩十分突出，公司预计2007年度净利润与去年同期相比增长1 860%以上，而第三季度公司的每股收益就达到2.08元，目前的市盈率仅有14倍，是难得的低市盈率个股”①。

在股市泡沫破灭之后，2008年两面针实际每股收益发生亏损，为每股-0.0258元，主业亏损严重。在房地产和股市高速膨胀的日子里，两面针

① 资料来源：引自第一创业证券，2008-4-28。

2007 年 8 月 15 日发布的一条在合肥购买土地的消息，将两面针的价格一下推到了 67.09 元/股的天价，借着中信证券的高位，2007 年 1～6 月每股收益超过了 1 元，接下来的日子一路下滑，到 2008 年 9 月股价已经跌破了 7 元（中间经过一次 10 转增 10 的公积金转增和每 10 股 2.2 元的分红），每股收益出现了净亏损。在如此短的时间内价格波动剧烈，使以证券为抵押的银行贷款承受着巨大的风险。

佛山照明是一家典型的因为投资二级股票市场造成巨额亏损的上市企业，“佛山照明（000541），在投资者眼里，该公司绝对是能给投资者带来实在回报的优秀公司，在此之前的大调整中该股也极少‘趴’过跌停板。该股周二跌停的原因在于一季报的预亏公告，而且与招商地产相同的是，佛山照明第一季度的亏损也是受证券投资的拖累。其预告显示，第一季度公司净利润为 -7 500万元。原因在于受证券市场波动，公司第一季度短期股票投资收益及公允价值变动收益出现亏损，初步测算第一季度公司短期股票投资收益及公允价值变动收益合计约为 -10 184 万元，而去年同期股票投资收益为 9 198.28 万元。去年第一季度，佛山照明每股收益为 0.35 元，按当时的总股本 3.5845 亿股计算，净利润为 1.2545 亿元。若去掉 9 198.28 万元的股票投资收益，主营业务利润为3 347万元。而今年第一季度的主营利润其实也达到了 2 684 万元，只较去年同期下降 19.8%。去年，上市公司的证券投资、交叉持股曾令它们的业绩大幅增加，并不断“吊高”投资者的胃口，以致市场估值越来越高；但今年情形正好相反，市场的快速下跌使证券投资、交叉持股不仅没有收益，反而带来巨额亏损。更重要的是，这种亏损使得上市公司的业绩出现大幅度滑坡，又会反过来对二级市场的股价造成冲击，形成一个负反馈循环，对市场的冲击绝对不能低估。”①

据不完全统计，目前参股已经上市和尚未上市的证券公司的上市公司超过 100 家。在第一季度预亏的公司中，有 14 家公司在业绩预告中提及证券市场投资下降给净利润带来的负面影响，甚至导致公司亏损。其中，风华高科、佛山照明是因炒股导致亏损的典型代表，以上这几家公司除了红塔集团外都是东部上市公司。难怪有“郎监管”之称的郎咸平痛斥雅戈尔不务正业。毋庸置

① 资料来源：引自“和讯财经”，2008 -04 -16。

疑，某些股评人士不负责任、恶意炒作的荐股行为也损害了资本市场的健康发展。

十一、区域金融风险的转移

区域金融风险形成的根本原因是借款企业经营不良造成的，因此，除了需要加强对贷款企业的贷款资金使用监督外，还需要继续大力发展资本市场，推动企业直接融资，建立多层次的融资渠道，在风险共担的基础上分散和弱化风险；推动经营效益好的优质企业上市，既有利于加强社会公众对企业的监督，进一步改善企业治理结构，也有利于稳定资本市场。同时，根据东部民间社会资金的特点，适度地发展民营中小金融机构，包括小额贷款公司等，将地下金融引入到体制轨道上来，实现有效的监管，形成多渠道的资金来源，有利于转移企业对银行信贷的过分依赖，转移银行经营风险。

4 区域金融风险的度量及管理方法研究

上一章讨论了区域金融风险，特别是东部区域金融风险的形成原因、传导途径和转移机制。本章在前面研究的基础上，将以东部区域为例，构筑以宏观金融工程风险研究理论为指导的区域金融风险研究理论平台——东部区域金融风险的资产负债表和或有权益分析方法。

4.1 商业银行风险的度量及管理的常用方法介绍

银行作为金融活动的主体一直居于金融的中心地位，因此，传统的关于金融风险度量和管理的方法一直都是围绕商业银行的信用风险展开的。

4.1.1 古典分析法

该方法是商业银行经营管理早期使用的主要方法之一，至今在金融市场上仍然发挥着重要作用。从方法本身来看，其一般以设计一定的财务比率或环境比率指标作为风险控制的标的，通过单比率和多比率的组合应用来对商业银行风险识别阶段进行一定的量化管理，而在一些指标上通常主要依靠专家等主观评判，因此，也可以说是较为传统的商业银行风险管理办法。

从具体的指标方法来看，诸如5C、LAPP、CAMEL等方法的应用是其主要典型：首先，信贷的5C法是应用较早的信贷管理方法，包括品格（Character）、资本（Capital）、偿付能力（Capacity）、抵押品（Collateral）和同期环境（Cycle Conditions）指标。其次，LAPP是评价借款人信用的综合评分模型，包括流动性（Liquidity）、活动性（Activity）、盈利性（Profitability）和潜力（Potentialities）指标。CAMEL模型较之前面的模型应用更广，中国金融机构一度将其作为主要的参考模型及风险管理策略，其中C代表收入，A代表资产质量，M代表管理质量，E代表收入潜力，L代表流动性。

古典分析法的产生和发展有其自身的理论和实践优势，首先，这类方法简洁、直观，在金融行业发展初期的风险管理过程中起到了至关重要的作用。其次，该方法具有统一性和可比性，由于金融行业所涉及的客户具有行业种类复杂、企业性质复杂和发展周期复杂等特点，因此，在商业银行自身风险头寸管理过程中需要有统一的指标来筛选和管理，诸如 CAMEL 模型等计算结果正好满足了该项要求。最后，该类方法由于计算过程灵活使商业银行风险管理方法的计算更具操作性。但我们也应该看到，该方法的不足之处是其受专家主观意志影响大，风险管理专家队伍供给与风险要素研究需求的总量和结构上存在矛盾，而且容易引发管理风险。

4.1.2 信用评分法

该方法是在古典分析法的基础上，以借款人特征指标为解释变量，进一步根据历史累计样本建立数学模型，具体包括多元线性概率模型、Logit 模型、Probit 模型和线性区别分析模型，而其中后者应用更为广泛，即在信用风险评价中是根据判别分值来确定的临界值对研究对象进行信用风险定位，典型代表为 Z 计分模型及其衍生产品。

Z 计分模型是 1968 年 Altman 对美国破产和非破产生产企业进行观察后，采用了 22 个财务比率经过数理统计筛选建立的金融客户风险管理模型。他认为，企业在破产之前都要经历失败阶段、无力偿还债务阶段和破产阶段，而每个阶段又都具有各自不同的特点，并可以最终反映在财务指标上，因此，通过这种建立在单变量度量指标的比率水平及绝对水平基础上的多变量模型，银行就能够很好地区分破产与非破产的公司，从而利用这种模型进行判断，当贷款申请者的评分濒于临界点时，要么拒绝其申请，要么对其进行详细审查，其主要变量为：营运资本/总资产、留存收益/总资产、EBIT/总资产、权益市场/总债务的账面值和销售收入/总资产。计算方法为：首先，观察各种函数的统计显著性，包括确定各独立变量的相对贡献；其次，评估相关变量之间的相互关系；再次，观察各变量预测的准确度；最后，专家进行分析判断。该模型的判别函数为：$Z=0.012(X_1)+0.014(X_2)+0.033(X_3)+0.006(X_4)+0.009(X_5)$。Altman 认为在商业银行客户风险管理过程中，（破产）下限值为 1.81，（非破产）上限值为 2.99，而任意落在 1.81 至 2.99 范围内的分数都被认为是在忽略区域内，这个区域是因为原始样本存在错误分类或两类的重叠而产生的。

1977 年，Altman、Haldeman 和 Narayanan 对原始的 Z 计分模型进行扩展，建立了第二代模型，即 ZETA 信用风险模型。该模型的基本思想还是 Z 计分模型的原始思路，其方法改进主要体现在五个方面：第一，该模型的研究重点主要集中在大型公司上，即破产前 2 年资产规模在 1 亿美元以上的公司。第二，该模型的适用有效性范围进一步扩大，从制造业延伸到零售业。第三，该模型的预测精确程度进一步提高，即在破产前 5 年就可有效地划分出将要破产的公司，其中破产前 1 年的准确度大于 90%，破产前 5 年的准确度大于 70%。第四，该模型计算分析过程中对公司的财务报表数据进行了更有效地调整，其中租赁资本数据的调整对模型方法的改进程度起到了关键作用。第五，该模型的变量选取也由 5 变量模型升为 7 变量模型，即资产报酬率、收入稳定性、债务偿还指标、积累盈利指标、流动比率、资本化率和规模。后来在该方法的使用过程中，考虑到临界点的设定问题，Altman 等人又提出了 ZETA 模型最理想临界点的计算公式：$ZETA=\ln(q_1c_1/q_2c_2)$，其中，q_1、q_2分别表示预先估计的破产概率和预先估计的非破产概率，c_1、c_2分别表示接受差信贷而遭受的贷款损失错误的成本和因模型拒绝好借款人而招致收入损失错误的成本。

从该类模型的应用效果来看，其优势主要体现在该类模型可以更为明确地反映商业银行经营管理中的借款者信用状况。与古典分析法不同，该分析方法的要素与权重是经过严格的统计检验和数理证明而得出的结果，因此对借款人基本风险情况的考虑更具操作性和适应性。但该模型也存在一定的改进空间：首先，该方法在算法上存在与实践结果不完全一致的可能，比如模型假设变量是线性关系而实际的结果往往是非线性的。其次，该方法在各权重分析上难以进行完美的经济解释，部分指标仍然需要专家主观推断，因此也有造成大的误差的可能。

4.1.3 资产负债比率的缺口分析方法

该方法产生于 20 世纪 70 年代中期，具体指的是根据对资产价格波动趋势的预测，调整价格敏感的资产负债配置结构，最终实现利润最大化的目标，其中资产价格包括利率、股票指数和商品价格等。根据具体缺口计算方式的不同，该方法还可分为当前收益法、市场价值法、敏感性分析法和巴塞尔委员会推行的利率风险计量方法等。

以利率为例，该方法中敏感性缺口（ISG）指在一定时期内银行利率敏感性资产（ISAs）和利率敏感性负债（ISLs）之间的差额，而为了更突出时间性概念，各银行又可将资产和负债按考察期内不同到期日，计算累积的利率敏感性缺口，即

$$累计缺口 = \sum_{i=1}^{n} LSAsi - LSLsi$$

其中，i 代表到期级距，各商业银行可以根据自身的业务特点和风险管理目标设定资产和负债的到期期限。

在缺口确定的基础上，各商业银行可以通过零缺口策略和计划缺口策略进行风险管理。前者的概念指尽可能缩小各档次缺口，尤其是累计缺口的绝对值，争取使其接近零，使利率的变动对利息收入和支出的影响相互抵消。而后者往往是指某些银行根据对利率走势的预测而有意识地留下正或负缺口的策略。

该类方法的优势主要表现在：首先，该类方法对商业银行的风险管理是基于其自身开展的，主要针对的是商业银行自身的资产负债，而非借款客户管理，因此更具有主动性和直接性。其次，该方法在计算和监控存款与非存款负债的成本结构方面更具准确性和灵活性，体现在操作领域的微调能力增强。最后，该方法可以将商业银行经营管理过程中的利率风险、汇率风险等区分开，从而在风险的成因分析和方案解决上减少成本。该类方法的不足主要体现在：首先，商业银行可以通过缺口等衡量利率风险，但前提是各风险资产负债单独分析，某一类资产负债适用的缺口不能应用于另一类资产，因此在风险的全面衡量方面存在缺陷。其次，对资产负债缺口的精确分析方面还存在一定的技术难度，尤其表现在各险种各时期的缺口规则性方面。最后，由于资产负债管理针对的是利率、汇率等资产价格，因此，在商业银行的表外业务，特别是价格成因复杂的衍生工具的风险管理方面还需要进一步改进。

4.1.4　以 VaR 方法思路为代表的现代风险量化度量方法

随着理论和实践经验的发展，世界各国商业银行风险管理方法不断出现创新，主要包括以 KMV 模型为主的期权贷款模型、以 Creditmetrics 模型为主的现代信用度量术、以麦肯锡模型为主的宏观模拟方法、以 KPMG 借款分析系统模型为主的风险中性估值方法等，及各类资产组合和衍生产品风险管理业银行风险管理模型等。应该说，这些方法都从各自的算法本身和应用领域为现代商

业银行风险管理方法作出了重要贡献，其中 VaR 是信用度量术等许多风险量化度量模型的主要思路之一。而由于对商业银行而言，信用风险是全面风险衡量的主要组成部分，而 KMV 模型已经成为目前国际上商业银行风险管理领域公认的最重要的工具之一。本书使用的宏观金融风险管理模型的指标分析就是基于 KMV 期权定价理论下的 VaR 风险量化度量，第 7 章将做专门分析。

4.1.5 收益资本管理方法

该方法与以上的现代风险量化度量方法主要区别在于，该方法是从商业银行自身的资本和收益的角度出发来研究风险管理问题。与前面的资产负债比率的缺口管理不同，该方法的主要立足点是从商业银行整体实力角度出发来研究问题。目前该方法在国际上的主要模型为 RAROC（Risk Adjusted Return on Capital）模型。该模型是信孚银行在 20 世纪 80 年代末开发出来的，可以被认为是业务部门（包括放款）的一种 Sharpe 比率，其目的是把根据机构的融资功能而计算出来的风险成本分配到产品、业务单元、客户和对个人的贷款上。1994 年信孚银行基于此又开发了一种综合性全球风险管理应用系统（RMA），目前世界上的主要银行和金融机构都开发了 RAROC（根据风险调整以后的收益对资本的比率）模型，用于评估各业务品种，包括其放款的可盈利性。

从该方法的计算公式来看，分子是未来的一段时期（下一年）或过去的一段时期（上一年）的调整后收入的某种度量，分母是未预料到的损失或在险资本（VaR）的度量，整体公式为

$$RAROC = \text{调整后的收入} / \text{在险资本}$$

$$\text{调整后的收入} = \text{净收益} - \text{预期信用损失}$$

$$\text{在险资本} = \text{非预期信用损失} + \text{市场风险}(VaR) + \text{操作风险损失}$$

各商业银行各业务的 RAROC 指标可用来与反映银行资金成本的某种指标相比较，而后者既可以是银行股东的股权收益率（ROE），也可以是加权平均资本成本（WACC）。如果计算出来的 RAROC 指标大于要求的最低收益率，该商业银行的经营管理就被认为有价值型增加，相应业务领域风险状况可被认为良好，其他银行、其他业务领域的银行资本在可以流动的情况下就应该配置到该银行业务领域中。从计算过程来看，该方法可认为是在银行的内部投资基础上进行比较。由于不同银行业务具有不同的 RAROC 值，因此，在实际工作

过程中，往往需要将不同的 RAROC 值加以组合，这就会发生第二轮经济资本的配置，各商业银行的风险管理过程也依此循环和逐步发展。

从该方法的效果来看，其显著优势表现在：首先，该类模型在商业银行的经营管理过程中拥有极好的资源调度能力和协调能力，是各银行综合管理的主要方法之一。通过实施该系统，银行不同的业务部门和产品均采用了统一的指标进行绩效测算，因此，经济资本将由绩效较差的部门向绩效较好的部门转移，从而达到资源的合理配置。其次，该类方法对商业银行风险管理的过程更符合风险管理本身理论的要求，即商业银行的风险管理在很大程度上不是被监控和管制的结果，而是利润水平逐步提高和稀释风险的过程，因为该模型实质就是要求银行把未来的损失都量化到当期，直接从利润中减去，然后通过计算出的利润比率来控制风险结果。最后，该类模型由于在操作中更具有直接性和管理工作的客观性，所以从西方各国实践来看，往往通过一个极为有效率和成本优势的过程来实现，即先设定一个期望回报率，然后业务经理把参数输入，业务结果通过计算机的自动撮合机制自动实现。该类方法也具有一定的不足，具体表现在：首先，该模型在计算过程中容易歧视低收益的活动，从而使各商业银行在一定程度上缺乏远期行为，容易丧失培育良好基础的机会。其次，该模型的比较过程需要银行的内部收益率数据，而这在复杂的银行信贷活动中存在一定的技术比较难度。最后，该模型对各商业银行业务的计算是在独立的基础上进行的，忽略了各项活动之间的相关性。

4.1.6 BIS 模型方法

该方法实际上属于现代商业银行风险管理方法的一种，是针对银行的表外业务提出来的，具有方法研究的代表性，同时该方法的基本思路与巴塞尔委员会的资本充足率计算思路也较为一致。应该说，当前国际上对银行表外业务风险已给予相当程度的重视，但对于具体的银行衍生产品业务的要求却存在量化上的差异。尽管大多数远期、互换、利率上限和下限有资本要求，但大多数表外（OBS）期货与期权头寸没有对银行的资本要求，在这种情况下，BIS 模型方法的提出也就显得比较重要，这在一些发达国家的著名银行业务风险管理过程中更为如此。

该模型的计算方法包括两个过程：首先，计算每一合约的信用等价数量。

该过程即指将所有非交易的互换、远期和其他的衍生产品合约的名义值或面值转换为信用等价数量，其中又可以分解为“潜在的风险暴露数量”和“现行风险暴露数量”两因素。在潜在风险暴露数量计算中，一般考虑的是衍生交易合约的交易对手未来违约的信用风险，其事件发生的概率被模型化为取决于利率/汇率未来的波动性。而在现行风险暴露数量计算中，各商业银行往往利用类似合约的现行利率或价格取代合约最初的利率或价格，然后重新计算全部的现行和未来的现金流量，由此给出以当前的现值度量的该合约的更换成本。如果 NPV >0，更换价值就等于现行风险暴露的数量；如果 NPV <0，就设现行风险暴露为零（Net Present Value，NPV）。其次，将信用等价数量乘以一个合适的风险权重。该计算过程往往是将前面算出的信用等价数量金额乘以一个风险权重得到的表外市场合约的按照风险调整之后得出资产数量，而合适的风险权重往往设为 0.5。当然，在风险权重的计算上，随具体情况不同也会有不同的计算方法。

该类模型的突出特点是对各商业银行的表外业务风险进行了提示和统一管理，这尤其对衍生业务较多的发达国家的银行而言具有突出的需求内生性。该模型是国际清算银行提出的方法，不同于前述的 VaR 思想的商业土壤发轫情况，因此其适用广度仍需推广，同时该方法在对不同类型尤其是混合类型的金融衍生产品合约的资本要求计算方面，存在一定程度的理论争议和应用难度。

4.2 区域金融风险的度量及管理的常用方法

目前，中国对区域金融风险度量和管理的最常用办法是建立区域型的金融风险预警体系和综合风险评价体系，下面对这两种方法分别给予介绍。

4.2.1 区域金融风险预警指标体系

中国对区域金融风险防范的基本标准是，在辖区内做到“信用观念强，资产质量高，金融执法严，金融案件少，金融秩序好”；具体表现为“四无”，即无重大违规违法经营行为，无重大支付风险和重大金融风险发生，无恶性金融竞争行为，无乱办金融业务、乱集资活动。一般情况下，根据这一原则，兼顾两个方面的因素：一是参照《巴塞尔协议》规定的银行最低限度资本要求以及《有效银行监管的核心原则》规定的监管标准，同时借鉴发达国家的金融机构运营状况预警制度，如美国的CAMEL排序系统和CAMEL评级系统；二是依据中国金融业发展的现状，以及金融风险生成机理的特殊性，大致从宏观先行指标、微观审慎指标两个层面上构建区域金融风险预警体系。

一、宏观先行指标

表4-1　金融预警体系宏观先行指标

序号	指标名称	警戒线	安全	基本安全	指标取值区间 轻度不安全	不安全
A1	GDP增长率	8%	>12%	[8%, 12%]	[4%, 8%]	<4%
A2	通货膨胀率	6%	<3%	[3%, 6%]	[6%, 9%]	>9%
A3	公共债务	5%	<3%	[3%, 5%]	[5%, 8%]	>8%
A4	财政赤字率	3%	<2%	[2%, 3%]	[3%, 4%]	>4%
A5	财政收入占GDP的百分比	20%	>24%	[20%, 24%]	[15%, 20%]	<15%
A6	债务依存度	35%	<20%	[20%, 35%]	[35%, 50%]	>50%
A7	实际利率水平	P	适度	较为适度	偏高（低）	过高（低）
A8	净出口额		均衡	大体均衡	顺（逆） 差较大	顺（逆） 差过大

资料来源：中国人民银行武汉分行2004年度重点课题。

A1 GDP增长率：经济增长率，该指标反映国民经济的发展速度，同时也可以反映一个地区的经济发展水平，其中实际GDP = 名义GDP/GDP减缩指数。该增长率如果过高则说明经济过热，容易出现通货膨胀；过低则意味着经济有可能陷入衰退。从改革开放以来的数字统计表明，我国GDP增长率平均为9.185%。根据历史经验，适合我国GDP的增长区间为8%～12%。将8%定为基本安全下限。

A2 通货膨胀率：用GDP减缩指数或消费者物价指数计算，该指标过高意味着货币大幅度贬值，甚至可能引起社会公众信心的丧失，从而引发挤兑狂潮，导致金融体系的支付危机。国际上通常将该指标的安全区定为3%～6%。

A3 公共债务：（预算赤字/GDP）×100%，国际通用指标为3%～5%。

A4 财政赤字率：财政赤字占GDP的比率，反映财政收支平衡状况，从而可以反映出一国（地区）宏观经济的稳健运行状况。国际通用警戒线为3%，将此限作为“基本安全”的上限，上、下增减1%作为其他警戒线。

A5 财政收入占 GDP 的百分比：该指标用来衡量一国（地区）的财政实力以及政府部门调控能力的大小。财政部曾提出该指标警戒线为20%～24%。

A6 债务依存度：对于一个国家来讲是指当年国债发行额占中央财政支出的比重；对于一个地区来讲，可以理解为该地区对内或对外举债占当年财政收入的比例。该指标是用来表示一个国家（地区）对债务的依赖程度，也可以间接表示偿债能力。国际上规定该指标的警戒线为20%。

A7 实际利率水平：利率这一经济变量的敏感性很强，对一国经济的影响很大。过高会引起投资不景气，过低会导致股市和债市的低迷。其中，实际利率＝名义利率－通货膨胀率。

A8 净出口：对于一国而言，净出口与汇率成正比，另外还取决于该国的经济实力。

二、微观审慎指标

微观审慎指标体系，主要反映金融机构（本课题主要指商业银行）财务与稳健状况，主要涉及商业银行的安全性、流动性、盈利性等三个方面的一系列指标（见表4－2）。

表4－2　　微观审慎指标

序列	指标类别	指标名称	警戒线	指标取值区间			
				安全	基本安全轻度不安全		不安全
B1	流动性	资本充足率	8%	＞12%	[8%，12%]	[4%，8%]	＜4%
B2		资本P总资产的比例	3%	＞5%	[3%，5%]	[1%，3%]	＜1%
B3		不良资产比例	10%	[0，5%]	[5%，10%]	[10%，15%]	＞15%
B4		逾期贷款比例	8%	＜4%	[4%，8%]	[8%，12%]	＞12%
B5		呆账贷款比例	2%	＜1%	[1%，2%]	[2%，3%]	＞3%
B6		最大十家客户贷款比例	50%	＜40%	[40%，50%]	[50%，60%]	＞60%
B7		资产流动性比例	25%	＞30%	[25%，30%]	[20%，25%]	＜20%
B8		备付金比例	5%	＞7%	[5%，7%]	[3%，5%]	＜3%
B9		自有资金比例	5%	＞7%	[5%，7%]	[3%，5%]	＜3%
B10		存贷款比例	75%	＜65%	[65%，75%]	[75%，85%]	＞85%
B11		中长期贷款比例	15%	＜10%	[10%15%]	[15%，20%]	＞20%
B12		流动负债依存度	30%	＜10%	[10%，30%]	[30%，50%]	＞50%

续表

序列	指标类别	指标名称	警戒线	安全	指标取值区间		不安全
					基本安全	轻度不安全	
B13	盈利性	税后利润率	0	> 10%	[5%，10%]	[0，5%]	< 0
B14		资产利润率	2%	> 4%	[2%，4%]	[0，2%]	< 0
B15		资本利润率	8%	> 12%	[8%，12%]	[4%，8%]	< 4%
B16		营业费用率	30%	< 20%	[20%，30%]	[30%，35%]	> 35%
B17		应收利息率	15%	< 5%	[5%，15%]	[15%，25%]	> 25%

资料来源：中国人民银行武汉分行2004年度重点课题。

（一）银行安全性指标

银行资产质量的好坏对银行经营的成败起关键作用。金融业是一个特殊的高风险行业，其风险一旦发生，就会引起连锁反应，导致局部乃至整个金融体系的动荡，引发金融危机，危机国民经济和社会稳定。

B1 资本充足率：银行资本金是银行业务的基础，是弥补亏损的手段。资本充足率是反映金融机构资本状况和资产质量的综合指标，中国规定其数值不得低于8%。根据《巴塞尔资本协议》的要求，银行的资本充足率应不低于8%，其中核心资本充足率不低于4%。

B2 资本P总资产的比例：该指标是目前在各国银行广泛使用的传统指标，它既反映了资本与整体资产的联系，也反映银行对存款人和其他债权人的最低清偿保障。该指标不应低于3%。

B3 不良资产比例：这里的所谓不良资产主要是指银行到期不能收回的债权，包括到期不能收回的贷款、应收未收利息、其他应收未收款等。该指标反映了整个金融区内银行业的资产质量。这一指标的标准值一般不超过10%。

B4 逾期贷款比例：逾期贷款余额与各项贷款总额的比例，该指标一般应低于8%。

B5 呆账贷款比例：呆账贷款余额与贷款总余额的比例，该指标是季度考核指标，按月均额计算，不高于2%。

B6 最大十家客户贷款比例：最大十家客户贷款余额占贷款总余额的百分比，一般应不超过50%。

（二）银行流动性指标

流动性管理是一项审慎性监管措施，是关系未来确保银行偿付到期债务的能力，是确保稳健经营的保证。因为金融业的业务活动是建立在负债经营基础之上的，只有保证资产的流动，保证银行信贷的正常循环周转，金融机构才能生存和发展。相反，资产的流动性不足，极易造成支付风险，导致金融秩序混乱，引发系统性、区域性金融风险。资产的流动性是商业银行信贷管理和内控制度的核心，与各行的信誉和收益直接相关，也是央行监管的主要预警指标。

B7 资产流动性比例：该指标是季度考核指标，按日均额计算，指流动资产与流动负债的比值。该指标可反映金融区的金融机构在整体上是否拥有足够的可及时用于偿付债务的资产，从而不致发生支付危机。该指标的标准值不低于25%。

B8 备付金比例：（备付金 P 各项存款余额）× 100%。中国人民银行下达的《商业银行资产负债比例管理暂行考察指标》对不同的商业银行规定的标准是不低于5% ~7%。

B9 自有资金比例：用于衡量银行资产风险的大小，不应低于3%，小于5%时就应发出预警信号。

B10 存贷款比例：各项贷款余额与各项存款余额的比例，一般不应超过75%。

B11 中长期贷款比例：1 年期以上贷款余额与各项贷款总余额的比例。银行业的贷款若过于集中在中长期贷款，资金周转就会受到不利影响。该指标一般不高于15%。

B12 流动负债依存度：（流动负债 - 流动资产）/ 长期资产，该指标说明银行业的短期支付需求对其长期资产的依赖程度。公式中的分子意味着流动负债经流动资产冲抵后的差额。该差额与长期资产的比值越高，银行的长期资产中由流动负债转变而来的数值就越高，银行资产对流动负债的依赖性就越强，其支付能力也就越弱。该指标的标准值一般不超过30%。

（三）银行盈利性指标

金融业是经营货币资金的特殊企业，既然是企业，就一定要考虑其损益状况。盈利性是商业银行风险状况的综合反映，亏损的积累、财务状况的恶化必然破坏银行信贷资金周转的连续性，影响银行的流动性，引发支付危机，因此，增加银行盈利，避免或减少财产损失，才能有效地防范风险。

B13 税后利润率：税后利润与营业收入的比例，该指标的最低限为零。

B14 资产利润率：利润总额与资产总额的比例，一般应不小于 2%。

B15 资本利润率：所谓资本利润率是指上市银行的税前利润对一级资本（或称核心资本）的比率。这与投资者常用的净资产收益率几乎没有区别，该指标一般不低于 8%。

B16 营业费用率：该指标一般不超过 30%。

B17 应收利息率：应收未收利息与总利息额的比率，一般不高于 15%。

4.2.2　金融风险综合评价方法（CAMEL 评价）

该方法建立在美联储的 CAMEL 评级系统的基础上，主要包括：一是"CAMELS 现场评级系统"（System for Estimating Examination Ratings，SEER），被用来识别那些有经营恶化倾向的银行，SEER 通过建立半年前的金融统计数据与当前 CAMELS 现场评级值之间的因果关系，预测未来 CAMELS 值。如果预测的 CAMELS 值比当前有明显的恶化倾向，则该机构被标识并对其进行审查；二是美联储的"CAMELS 非现场评级系统"（Statistical Camels Off - site Rating，（SCOR），其在基本假定、使用技术、预警指标和系统用途等方面与 SEER 基本相似。SEER 和 SCOR 使用的预警指标主要有逾期贷款、非增值贷款、取消了抵押赎回权的房地产贷款、流动性负债、流动性资产、净收益、投资证券等，不同的是 SEER 认为 CAMELS 的前期值对后期值有影响，而 SCOR 没有考虑这一影响。该方法首先使用层次法确定相关指标的权重，然后根据权重计算确定了各因素的权重后，对内部风险的微观审慎指标和外部风险的宏观先行指标进行评价或预测，具体介绍如下。

一、运用层次分析法确定各因素相对权重

金融风险的爆发原因是多方面、错综复杂的。由表 4 - 3 可以看出，用于评价的各级指标在评价金融风险时，其重要性、代表性并不相同，这就需要采用层次分析法确定各因素的相对权重。

第一，构建两两比较判断矩阵。设有 n 个指标，通过两两比较指标之间的重要性，可以得出指标重要性的矩阵$A=(a_{ij})_{n\times n}$，$a_{ij}\times a_{ji}=1$，其中a_{ij}表示指标i与指标j的重要程度的比较值，若大于1，则表示指标i比指标j更重要，具体数值大小可根据“相对重要程度取值表”理性获得（见表4－3）。

表4－3　相对重要程度取值表

相对重要程度取值	含义
1	两个目标相比，具有同样的重要性
3	两个目标相比，前者比后者稍重要
5	两个目标相比，前者比后者明显重要
7	两个目标相比，前者比后者强烈重要
9	两个目标相比，前者比后者极端重要
2，4，6，8	上述相邻判断的中间值

资料来源：欧阳禹，申焕章，黎和贵：《区域金融稳定问题与评价指标体系研究》，载《重庆工商大学学报（西部论坛）》，2005（2）。

由于a_{ij}的值与最终评价结果密切相关，因而可结合德尔斐法得到K位专家的判断值，再求其平均值。$a_{ij}=\sum_{i=1}^{k}(a_{ij})I/K$，用平均值来代替$a_{ij}$。

第二，由矩阵$A=(a_{ij})_{n\times n}$计算A的最大特征根λm和对应的特征向量σ。$A\sigma=\lambda m\sigma$，其中$\sigma=(\sigma_1, \sigma_2, ..., \sigma_n)T$，$\sigma_i>0$，具体计算如下，解方程组：

$$(a_{11}-\lambda m)\sigma+\cdots+a_{1n}\sigma_n=0$$

$$a_{21}\sigma_1+(a_{22}-\lambda m)\sigma+\cdots+a_{2n}\sigma_n=0$$

$$a_{n1}\sigma_1+\cdots+(a_{nn}-\lambda m)\sigma_n=0$$

第三，将向量σ归一化，可得到n个指标的权重

$Wk=(W_{11}, W_{12}, \cdots, W_{nn})^T$，其中：$W_i=\sigma_i/\sum_{i=1}^{n}\sigma_i$，$\sum_{j=i}^{n}W_i=1$。

第四，判断各因素权重的相容性，即进行一致性检验。一致性检验通过计算一致性比例$CR=CI/RI$，其中CI为比较矩阵一致性指标$CI=(\lambda m-n)/(n-1)$，RI为平均随机一致性指标，其取值可通过查表获得。结果见表4－4。

表 4－4　　　　　　　多阶比较矩阵 *RI* 的值

阶数	2	3	4	5	6	7	8	…
RI	0.00	0.52	0.89	1.12	1.26	1.37	1.41	…

资料来源：欧阳禹，申焕章，黎和贵：《区域金融稳定问题与评价指标体系研究》，载《重庆工商大学学报（西部论坛）》，2005（2）。

表 4－5　　　　　　区域银行体系风险预警系统的指标体系

指标体系	权重	指标类别	权重 法人机构 ω_k	权重 非法人机构 Ψ_k	指标名称	权重 W_1	1	2	3	4	5
微观审慎指标	*We*	流动性 L	ω_1	Ψ_1	备付金率	W_{11}	≥10	8－10	6－8	4－6	<4
					资产流动性比率	W_{12}	≥40	30－40	20－30	10－20	<10
					中长期贷款比率	W_{13}	≤80	80－120	120－140	140－160	>160
					应付利息充足率	W_{14}	≥95	90－95	80－90	60－80	<60
					对流动性负债依存度	W_{15}	≤10	10－25	25－35	35－50	>50
					资金净拆入比率	W_{16}	≤3	3－4	4－5	5－6	>6
					存贷款比率	W_{17}	≤70	70－75	75－80	80－90	>90
		盈利性 E	ω_2	Ψ_2	资产利润率	W_{21}	≥3	2－3	1－2	0－1	<0
					资本利润率	W_{22}	≥9	7－9	5－7	4－5	<4
					贷款损失抵补率	W_{23}	≥100	80－100	70－80	60－70	<60
					收息率	W_{24}	≥90	80－90	70－80	50－70	<50
					营业费用率	W_{25}	≤20	20－25	25－30	30－35	>35
		充足性 C	ω_3	Ψ_3	资本充足率	W_{31}	≥12	9－12	8－9	4－8	<4
					核心资本充足率	W_{32}	≥6	5－6	4－5	2－4	<2
		安全性 A	ω_4	Ψ_4	逾期贷款比率	W_{41}	≤15	15－20	20－30	30－40	>40
					呆滞贷款比率	W_{42}	≤5	5－10	10－15	15－20	>20
					呆账贷款比率	W_{43}	≤2	2－4	4－6	6－8	>8
					风险加权资产比率	W_{44}	≤40	40－50	50－60	60－80	>80
					最大十家客户贷款比率	W_{45}	≤50	50－60	60－70	70－80	>80
		管理 M	ω_5	ψ_5	管理稳健经营合规	W_{51}	好	较好	一般	较差	差

续表

指标体系	权重	指标类别	权重 法人机构 ω_k	权重 非法人机构 Ψ_k	指标名称	权重 W_1	1	2	3	4	5
宏观先行指标	Wb	国家调控能力			财政收入 PGDP	W_1	好	较好	一般	较差	差
					财政支出 PGDP	W_2	好	较好	一般	较差	差
		企业效益			资产负债率	W_3	好	较好	一般	较差	差
					资金利税率	W_4	好	较好	一般	较差	差
					亏损企业亏损额增长率	W_5	好	较好	一般	较差	差
		债务清偿能力			资本流入 PGDP	W_6	好	较好	一般	较差	差
					外债 PGDP	W_7	好	较好	一般	较差	差
		外汇与资本			汇率变动率	W_8	好	较好	一般	较差	差
					股指的变动率	W_9	好	较好	一般	较差	差
					股市市值 PGDP	W_{10}	好	较好	一般	较差	差
		增长能力			GDP 增长率	W_{11}	好	较好	一般	较差	差
					通胀率	W_{12}	好	较好	一般	较差	差
		银行业规模			总资产 GDP	W_{13}	好	较好	一般	较差	差
					存款增长率	W_{14}	好	较好	一般	较差	差
					贷款增长率	W_{15}	好	较好	一般	较差	差

资料来源：欧阳禹，申焕章，黎和贵：《区域金融稳定问题与评价指标体系研究》，载《重庆工商大学学报（西部论坛）》，2005（2）。

二、确定了各因素的权重后，对内部风险的微观审慎指标和外部风险的宏观先行指标进行评价或预测

（一）微观审慎指标

1. 银行 i 的 CAMEL 评价

$$H_i = \sum_{k=1}^{5}\left(\sum_{j=1}^{m} h_{ij} \times W_j\right) W_k$$

其中，h_{ij}为银行 i 的第 j 个具体指标的等级值，$h_{ij} \in [0, 1]$。

W_j 为第 j 个的具体权重，$W_j \in [0, 1]$。ω_k（Ψ_k）为第 k 个分类指标的权重（$K=1, 2, 3, 4, 5$ 分别对应 L, E, C, A, M）。

2. 区域金融体系 CAMEL 评价

$$T = \sum_{i=1}^{m} h_i \times w_i$$

其中，ω_i 为银行 i 的总资产占区域银行体系总资产的比重。

3. 银行 i 的 CAMEL 第 k 个分类指标值

$$P_i^k = \sum_{i=1}^{m} h_{ij} \times w_j$$

4. 区域银行体系的 CAMEL 第 k 个分类指标值

$$T_p = \sum_{i=1}^{m} P_i^k \times w_k$$

（二）宏观先行指标评价

具体方法：预先确定一组由国家调控能力、增长能力、国家债务和清偿能力、银行业规模、企业效益和外汇与资本价格等六类指标构成的指标体系，CAMEL 综合评级值为因变量，宏观指标为解释变量，建立统计模型并进行检验，保留在统计意义上显著的指标，并根据显著性的大小确定权重，然后将指标值转换为 1 ~5 之间的某个整数 M_j，加权求和得出外部风险的评价。国家调控能力、债务清偿能力、资本和外汇三类指标反映了该区域金融体系的宏观运行基础，使用全国统计口径；而企业效益、增长能力和银行业规模反映了区域金融系统的微观运行基础，使用区域统计口径。

在对金融系统内部风险和外部风险进行量化基础上，可以对区域金融系统综合风险 Y 进行评价

$$Y = T \times W_c + \left(\sum_{i=1}^{m} M_j \times w_j\right) \times W_b$$

其中，W_c 为 CAMEL 微观审慎指标所占权重，W_b 为宏观先行指标所占权重，W_j 为宏观指标 j 的 5 级分档值。

4.2.3　传统区域金融风险的度量及管理方法存在的不足

从两种指标体系的直观比较，我们不难看出，其实这两种方法大同小异，此评价体系都是借助预设的一系列宏微观指标进行判断，该方法的优点是主观判断与客观定量方法相结合，评估结果意义明确。

其不足之处在于需要合理设定各个指标的预警界线，合理设置各个指标的重要性的权值，指标体系相对复杂，在实际工作中比较困难。另外，外部风险

的评价指标选择和处理难度较大，指标的选取没有现成的理论依据，而且在每一类的众多指标中既可能存在共线性和统计意义上与金融风险不敏感的问题，也可能存在指标筛选过程遗漏重要指标的问题。此外，对于现行的制度安排，央行不具备监管职能，也就没有充分的动机去获取详细的信息，从而容易导致央行行使最后贷款人职能时将更多地依赖银监会对银行困境的判断而不是自身的判断，导致央行行使最后贷款人角色时效能降低，错过最佳时机，从而形成救助风险。

4.3 区域金融风险的度量及管理的新方法——基于宏观金融工程的视角

4.3.1 宏观金融工程的概念

约翰·芬尼迪认为，金融工程包括创新型金融工具与金融手段的设计、开发与实施，以及对金融问题给予创造性地解决。根据金融工程的定义，可以将宏观金融工程定义为通过金融工具与手段的创新设计与重新组合、金融结构的调整和金融制度的变革来解决宏观金融问题。

从宏观金融工程和微观金融工程的关系来看，微观金融工程主要侧重于微观层面的企业金融财务问题，而宏观金融工程将微观金融工程的有关思想和分析方法应用到宏观金融层面，研究部门和国家的金融风险和金融资源使用状况。因此，宏观金融工程是将微观金融工程扩展到宏观金融领域，是金融工程在微观领域运用的自然延伸。

4.3.2 宏观金融工程的主要内容

从内容上看，宏观金融工程包括宏观金融资产负债表、宏观金融风险管理和宏观经济资本管理等三个方面。将宏观金融工程的内容运用到区域层面，其中，区域金融资产负债表是宏观金融工程研究的对象，区域金融风险管理和区域经济资本管理是宏观金融工程的主要方面，稳定和促进经济和金融发展是宏观金融工程研究的最终目标。

区域的金融资产负债表是宏观金融工程研究的基础。传统的宏观金融研究的主要对象是反映国民收入的流量表，而较少关注存量分析。区域金融资产负债表的建立可以将宏观金融的研究对象由流量转变为存量，并最终转变为对区域金融资源和金融资产的研究。当区域金融资产可以进行准确的确定和估值时，宏观金融工程就可以发挥作用，即通过区域金融资产的风险管理来实现金融资产的保值，通过经济资本管理来实现金融资源的合理配置。

对于区域金融风险管理而言，在金融市场逐步完善的情况下，所有的金融风险都必然影响到资产市场价值的变化。从资产负债表来看，当资产价值发生变化时，资产市场价值的变化也必然影响到权益价值的变化，包括股权和债权价值的变化，由此资产负债表会反映所有的金融风险。因此，依托资产负债表，一方面，通过研究资产和权益的关系，就可以度量区域和部门的风险状况；另一方面，通过管理资产和权益结构，就可以有效地控制和管理区域的金融风险，维护区域经济和金融安全。

区域经济资本管理是将经济资本管理延伸到宏观金融层面。在微观金融层面，经济资本有两个重要职能，分别为抵御金融风险和分配金融资源。在宏观金融层面，区域经济资本管理一方面要通过区域经济资本的合理配置来抵御各个部门和区域整体的金融风险，另一方面由于经济资本要求必要的回报率，因此，要对区域经济资本在各个部门间进行分配，从而提高金融资源的使用效率。

4.3.3　宏观金融工程的基本技术和方法

宏观金融工程将微观金融工程的基本技术和方法运用到宏观层面，根据资产负债表、或有权益资产负债表，结合在险价值（Value - At - Risk，VAR）估计，通过对信用的考核刻画出违约概率、违约距离等相关指标，揭示公共部门、金融机构、企业、家户等的信用违约风险。

Merton（1974）将期权定价理论运用于有风险的贷款和质量的价值计算。KMV 公司受 Merton 思想的影响开发了著名的 KMV 模型，其典型的思想在于采用了一种从企业股票市场价格变化角度分析授信企业的信用状况，其核心是预期违约概率，围绕这一思想 Oldrich Vasicek（1991）对贷款组合管理中的损失概率、Benchmarking Jeffrey 和 Boha（1998）对信用风险期权特点和风险债务定价、Peter Crosbie（2002）对违约风险度量开展了一系列的研究，使这一模型得到了不断地发展和完善，奠定了宏观金融工程的微观理论基础。在此基础上，我们下面来重点介绍宏观金融工程风险管理的主要方法。

一、资产负债表分析法

Bernanke 和 Gertler（1989）首次提出了资产负债表效应，认为由于信贷市场的信息不对称，企业获得的贷款数量是其能够提供抵押物（或净资产）数量的倍数。随着亚洲金融危机的发展，Krugman（1999）认为，类似于东南亚金融危机的关键问题不在银行，而在企业，利率的升高和本币贬值影响了企业的资产负债表，削弱了企业财务。可以说，东南亚金融危机引发了人们对于资产负债表效应的研究，Allen 和 Rosenberg 等（2002）提出了基于公共部门、金融部门和企业部门的关于金融危机的资产负债表分析框架。其基本思想是构造公共部门、金融部门和企业部门资产负债表和资产负债表矩阵，然后以部门资产负债表为基础研究期限错配、货币错配、资本结构和清偿力等问题，以资产负债表矩阵为基础分析风险在部门间的传递。该研究对于资产负债表方法有奠基性的作用，主要体现在三个方面：首先，分析各类冲击对资产负债表的影响，将对金融危机和金融风险的研究建立在存量和流量相结合的基础上；其次，从资产负债表的结构性错配入手揭示隐藏在部门中的宏观金融风险；最后，以资产负债表矩阵反映的跨部门资产和权益的对应关系为基础分析风险在部门间传递的机制。

Roubini 和 Setser（2004）将反映期限错配、货币错配、资本结构问题和清偿力问题的有关指标进行细化，如使用股权占外债的比重、直接投资占 GDP 比重来反映资本结构问题，同时将存量错配和流量错配指标结合起来。Mathisen 和 Pellechio（2006）对资产负债表分析中的部门划分、金融工具归类和数据来源等问题进行了研究，认为部门可以根据职能和行为方式进行分类，如中央银行和财政部门都具有政策制定和宏观金融管理的职能，由此可以将两个部门合并为公共部门进行分析。对于金融资产可以按照债权与股权、期限与币种进行划分。在数据可获得性和可靠性方面，公共部门和金融部门有关数据容易获得，并且可靠性较高，而企业部门和住户部门的数据很难获取。在企业部门和住户部门数据受到限制的情况下，Roubini 和 Setser（2004）认为研究错配问题可以借用金融部门的相关指标，原因在于企业和住户部门错配与金融部门错配存在对应关系①。

二、或有权益资产负债表分析法

或有权益分析方法主要指期权方法，是宏观金融工程的核心工具。尽管资产负债表能够很好地反映企业过去和现在的资产结构、经营情况和经营风险，但是缺少对未来的动态把握，期权定价理论的发展为解决这一问题提供了可行的途径。本书以 KMV 模型为例，介绍期权定价理论在宏观金融工程风险管理中关于商业贷款的风险计量中的应用②。

1. 商业贷款的期权假设思想

KMV 模型区别于其他信用风险分析模型的典型特点在于它的贷款期权假设：银行放款人对企业拥有的债权就类似于卖出一个看跌期权。

首先，从银行放款人的角度来看，假设某银行有一笔一年期贷款，那么银行在年底得到贷款收益的大小取决于贷款企业的资产市场价值如图 4－1 所示，假设贷款总额是 *OB*，因此，当企业期末资产价值超过 *OB* 时，则企业就有能力还款；其次，从银行的收益来看，由于贷款本金利息的固定性，因此，在该企业年底资产市场价值大于 *OB* 情况下得到的是一条固定的收益线，即图中的 *OC*，而企业年底资产市场价值低于贷款总额时，则银行得到支付便完全取决于该企业资产市场价值的大小。如图 4－1 中的 *OA*，我们看到，因为情况不同，所以银行在 *A* 点和 *C* 点上的斜率也就不同，而连在一起的线 *a* 即为银行的整个收益情况。

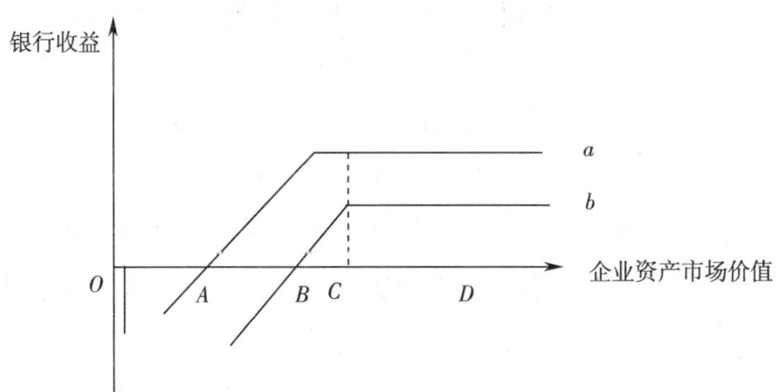

图 4－1　银行收益情况图

① 叶永刚，宋凌峰：《宏观金融风险分析最新进展》，载《经济学动态》，2007（5）。

② 姜学军，刘丽巍，范南：《金融对外开放与监管问题研究》，中国时代经济出版社，2005。

根据金融工程理论，我们可以得到一个看跌期权卖方的收益图形。如图 4－2所示，如果标的股票的价格（S）超过执行价格（X），那么，期权的卖方就会有卖权费用，考虑到该期权的特性，因此该卖方就会遭受损失，其收益随该股票期末价格变化而有所不同，连在一起的线 c 即为整个看跌期权的卖方收益。

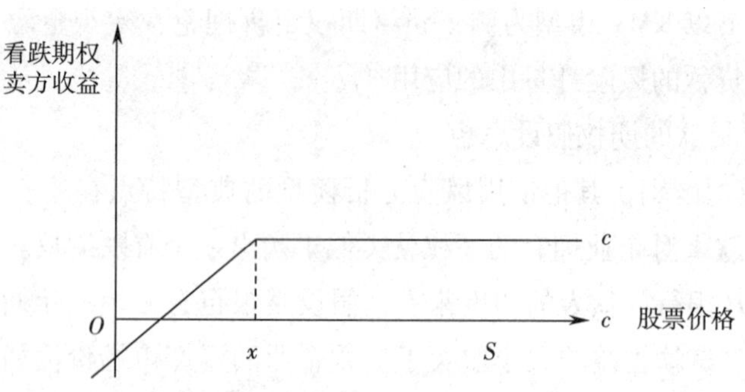

图 4－2　看跌期权卖方收益情况图

由以上两图，我们可以很自然地看到：银行放款人的行为实际就类似于卖出一个看跌期权。虽然以上两幅图的纵坐标截距有所不同，但我们也应该看到，由于通货膨胀和机会成本的因素，图 4－1 中银行实际得到的支付相比而言是应该向下平移一定单位的，即由线 a 至线 b。因此，两者的图形基本上也就相同，实际上这也是 KMV 模型的一个重要的理论支点和假设。银行贷款的价值模型也就可以与卖出一份看跌期权的价值相类似。具体表示为

$$\text{一种股票的看跌期权价值} = f(\bar{s},\bar{x},\bar{r},\overline{\sigma_s},\bar{\tau})$$

$$\text{贷款的违约选择价值} = f(A,\overline{Br},\sigma_A,\bar{r})$$

其中，$\bar{s}$ 为股票，$\bar{x}$ 为执行价格，$\bar{r}$ 为短期利率，$\overline{\sigma_s}$ 为股票波动性，$\bar{t}$ 是看跌期权的到期日。而对于贷款来说，A 为贷款企业市场价值，B 为贷款本息，r 为短期利率，σ_A 为贷款企业资产市场价值波动性，τ 为贷款的时间限度，由此我们可知，对一项贷款而言，B、r、τ 是已知的，则模型的关键问题在于 A 和 $\overline{\sigma_A}$ 的求解过程。

2. KMV 模型实际计算过程中的期权假设方法应用

如前所述，对公司而言 KMV 模型的分析数据来源于其股票价格，所以针对企业股东，股权实际上是最被看成为一种看涨期权，也就是说，KMV 模型

虽然有一个总体的期权假设，但在求解过程中，KMV 模型创新性地换位思考，从借款人（即企业的股权所有者）角度考虑贷款偿还问题。如图 4－3 所示，假设企业借款 OB，期末企业资产的市场价值是 OA_2，这时企业自然就会偿还贷款，股权所有者，即贷款人会保有企业资产的利息价值（$OA_2 - OB$）。显然，在贷款期末，企业资产的市场价值越大，股权持有者保有的企业资产的剩余价值就越大。然而，如果企业的资产减少到 OB 以下，比如说等于 OA_1，那么企业的股权所有者就会在经济上失去清偿能力，无法偿还贷款。在破产等经济退出机制完善的情况下，借款人还会将企业的资产转交给银行。但值得注意的是，不管资产的价值与借款数量相比有多低，图中股权所有者的位于底部的风险量是被截平的。也就是说，“有限责任”保护着股权所有者，使其损失不会超过 OL。应该说，图 4－3 与图 4－1 相比，横坐标是相同的，主要区别在于纵坐标的对象正好相反。按照金融工程的知识，这个图形实际上是与购买一份股票看涨期权的支付相类似的。因此，我们也就可以将贷款企业的股权持有者的市场价值头寸看做是持有一份企业资产的看涨期权。这样做期权设计的主要好处在于，由于图 4－1 的假设中，横纵坐标对象不同，因此，在具体的计算过程中存在着一定的技术障碍，而在图 4－3 的假设中，我们可以通过横纵坐标的关系来更方便地求出企业的相关数值。

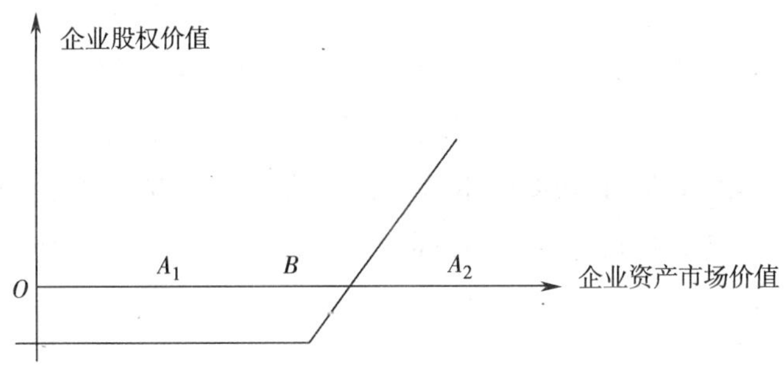

图 4－3 企业股权价值情况图

3. 对 A 与 σ_A 的计算

由前可知，KMV 模型的主要计算过程是对 A 和 σ_A 的计算。针对该模型的期权假设，为解出这两个未知量，该模型是使用如下两种关系来计算的，即（1）企业股权的市场价值与其资产的市场价值之间的关系；（2）企业股权的波动性与企业资产波动性的关系。由于涉及商业机密，KMV 公司没有公布其具体的计算过程，但我们可用 Black - Scholes 公式来推断 A 与 σ_A 变量的计算思路。

依据图 4 - 3 中的看涨期权所示：

$$E = AN(d_1) - DE^{-rt}N(d_2) \tag{4.1}$$

其中，E 为股权的市场价值（亦即看涨期权的价值）；D 为负债的账面价值（亦即执行价格）；A 为公司资产的市场价值；t 为到期时间；r 为无风险贷款利率；N 为正态分布累计概率函数，它依据 d_1、d_2 计算而得，在这里：

$$d_1 = \frac{ln(\frac{A}{D}) + (r + \frac{1}{2}\sigma^2 A)t}{\sigma_A \sqrt{t}} \quad d_2 = d_1 - \sigma_A \sqrt{t}$$

其中，σ_A 为资产价值的标准差（亦即波动性）。

同理，我们可以对公式（4.1）两边求导，然后再求期望，即可得到如下等式：

$$\sigma_e = \frac{N(d_1)A\sigma_A}{E} \tag{4.2}$$

其中，σ_e 为股权价值的波动性。

由公式（4.1）和公式（4.2）我们看到，变量 E、D、t、r 和 σ_e 是可以直接从股票市场或利率市场得到的，而剩下的只有两个未知数，即 A 和 σ_A，考虑到两个方程，这样我们就联立方程最终得到 A 与 σ_A 的值。

在实际应用过程中，有时为了简化，也往往可以通过可观察计算的股权市价波动性来直接代替该企业资产市价的波动性。具体原因在于：由于资产市价 = 账面负债 + 股权市价，而账面负债的波动性（以标准差表示）= 0，因而资产市价的波动性 = 股权市价的波动性。

4. EDD 的计算

对 KMV 模型而言，计算出 A 与 σ_A 的目的，是为了计算违约距离（EDD）。EDD 的经济意义在于：如果一公司的总市场价值达到负债账面价值以下，公司就会违约。而在这一点上，公司的价值恰好够偿还其债务，这一点就是违约点。在我们拥有了某公司未来时刻的预期价值及违约点之后，KMV 模型就可以确定出公司价值下降多少即达到违约点，在公司资产价值正态分布的假设之下，我们就可以较容易地得出违约的概率，该违约概率正是商业银行对企业客户贷款业务的重要参考依据，这也正是 KMV 模型的一个重要贡献。

$$\text{EDD 公式: 违约距离} = \frac{\text{资产的预期价值} - \text{违约点}}{\text{资产的预期价值} \times \text{资产价值的波动性}}$$

在此公式中，资产的预期价值与资产价值的波动性即为我们前面讨论过的 A 与 σ_A，而关于违约点的实证结果，KMV 公司规定在该公司的流动负债 ± 50% 长期负债的数值，通过数值代入，我们就可得到违约距离的具体数值。比如说，当该值等于 2 个标准差时，我们在资产价值正态分布的假设下，得知存在 95% 的概率使得资产价值的均值因周围正负 2σ 的情况下，即存在一个 2.5% 的概率发生资产价值在下一年增加超过 2σ 的情况，即存在一个 2.5% 的预期违约概率。

5. 经验 EDD 的计算

前面提到的是对一家企业违约概率的确定，我们知道，银行在实际的信用风险管理工作过程中更加重视的是整个行业的违约情况，具体原因在于：（1）它可以使个体公司的数据在整个行业中有直观的反映；（2）在个体数据量足够多的情况下，还可以简化工作量，以同类公司的数据来直接代替或修正。因此，通过理论 EDD 计算出的经验 EDD 的值就更为重要。其具体公式为

$$\text{经验 } EDD = \frac{\text{年初资产价值违约点是有 } 2\sigma \text{ 之远的一年之内违约企业数目}}{\text{年初资产价值距违约点有 } 2\sigma \text{ 之远的企业总数}}$$

在 KMV 公司的实际工作过程中，为了更快速地得到不同企业的 EDD 值，在模型开发成功的基础上，已经在世界范围内建立起了大规模的企业数据库，尤其是不同行业 EDD 值的数据库，这实际上也使银行可以更简单地计算出以类似经验为基础的 EDD 值来。因此，在实际的计算过程中，EDD 值的行业相比往往成为信用风险管理工作的重要组成部分。

6. KMV 在组合贷款上的应用

事实上，现代的信用风险管理方法都必须考虑两个以上的贷款的组合收益成本。因为在现代经济中各企业之间的相关程度愈加紧密，单独地只关注一个个体贷款客户的信用风险状况往往是不够的。即使它的信用状况能得到良好保证，但是是否受其他关联企业影响，即几个客户组合在一起来衡量时则可能是另外一个结果，对于 KMV 方法在组合贷款上的应用总体上说是依据投资组合管理的方法和原则，只不过在具体指标处理上采用了如前所述的 KMV 计算

方法。

在任何组合计算方法中都需要计算收益、风险、相关性三个指标。KMV方法在计算个别贷款收益时，采用了如下公式，即收益 = 价差 + 收费 − EDD × LGD。其中，价差指的是贷款利率超过基准利率的部分；收费指的是预期一段时期内的任何直接从贷款中获取的收费；EDD 是预期违约概率；而 LGD 是在给定某个借款人违约概率下的损失，在这四项中前两项可直接得出，EDD 需要 KMV 的计算，而 LGD 则可以通过银行内部的数据库求得。

在风险计算上，假设考虑借款人违约服从二项分布，则

$$\sigma_i = \sqrt{(EDD_i)(1 - EDD_i) \times LGD}$$

如果考虑到影响 EDD 的因素不同于影响 LGD 的因素，且 LGD 被假设在各借款人之间是独立的，则

$$\sigma_i = \sqrt{(EDD_i)(1 - EDD_i) \times LGD_i^2 + EDD_i \times VOL_I^2}$$

其中，VOL_i是借款人 i 的 LGD 的标准差。如此相类似，则 KMV 模型的相关性计算方法为

$$P_{xy} = \frac{COV_{xy}}{SD_x \times SD_y} \text{或} P_{xy} = \frac{JDD_{xy} - (EDD_x \times EDD_y)}{(EDD_x)(1 - EDD_x) \times \sqrt{(EDD_y)(1 - EDD_y)}}$$

其中，JDD_{xy}反映的是 x、y 企业资产价值联合分布时的违约概率，而 SD 反映的是每一企业在二项分布下违约率的标准差。根据资产应分管理方法，我们就可以相应计算出该贷款组合的风险——收益有效前沿。

至此，我们就得到了一个完整的 KMV 计算模型，可以根据这种算法求出一家银行的信用风险组合头寸，从而相应地得到最终的风险管理原则或方法。

从 KMV 模型我们也看出了另外一个问题，也就是期权理论在行业中的应用，不仅可以利用期权理论计算单个企业的违约距离，同样也可以通过它来计算某个行业某个时期的整体违约距离，动态地衡量金融风险变化。

Gray、Gapen 和 Merton 等（2002、2006）把或有权益方法和资产负债表分析结合起来，将市场信息反映到资产负债表中，提出了或有权益资产负债表分析框架。其优点：其一，将资产负债表分析建立在历史信息和市场信息相结合的基础上。其二，构造宏观金融风险指标，如违约距离、违约概率和信用溢价及在险值（VaR）等，从而将资产负债表的结构性分析转化为金融风险的识别

和度量问题。其三，运用期权定价的方法，实现了对部门间风险传递机制的研究由定性分析向定量分析转变①。

宏观资产负债表方法分析各类冲击对资产负债表的影响，将对金融危机和金融风险的研究建立在存量和流量相结合的基础上，从资产负债表的结构性错配入手揭示隐藏在部门中的宏观金融风险。其方法是以资产负债表矩阵反映的跨部门资产和权益的对应关系为基础分析风险在部门间传递的机制。把或有权益方法和资产负债表分析结合起来，将市场信息反映到资产负债表中，是一种以市场数据为基础的市值分析方法。至此，奠定了对宏观金融工程风险分析框架的构造。

4.4　中国东部金融风险宏观金融工程研究框架的构造

4.4.1　东部区域金融风险管理的基本框架

东部区域金融风险管理的研究可以分为三个层次，如图 4 –4 所示。

第一个层次是思想层面，根据金融工程和风险管理思想，东部区域金融风险管理可以从风险界定、风险识别与度量和风险管理三个方面依次展开。第二个层次是框架层面，全球和中国的经济金融发展状况是分析的背景，东部区域金融资产是分析的切入点，东部区域金融风险识别和计量是分析的基础，东部区域金融风险管理是分析的目的。第三个层次是内容层面。在内容层面，通过编制部门和东部区域资产负债表，分析各类风险对资产负债表和或有权益资产负债表的冲击，并分析市盈率指标在监控价格波动中的作用。其中，在风险识别和计量方面，度量各类风险对资产负债表和或有权益资产负债表冲击的程度。既要研究东部区域整体的金融风险，也要考察四个部门的结构风险。市盈率指的是市价与每股净资产之间的比值，简言之，该比值越低意味着风险越低。在东部区域整体的金融风险方面，在部门金融风险研究的基础上，进行国别分析和比较，并结合其他难以计量的风险因素，编制出东部区域金融安全指标，并划分安全区域。根据部门和东部区域风险状况，提出防范和管理金融风

① 叶永刚，宋凌峰：《宏观金融风险分析最新进展》，载《经济学动态》，2007（5）。

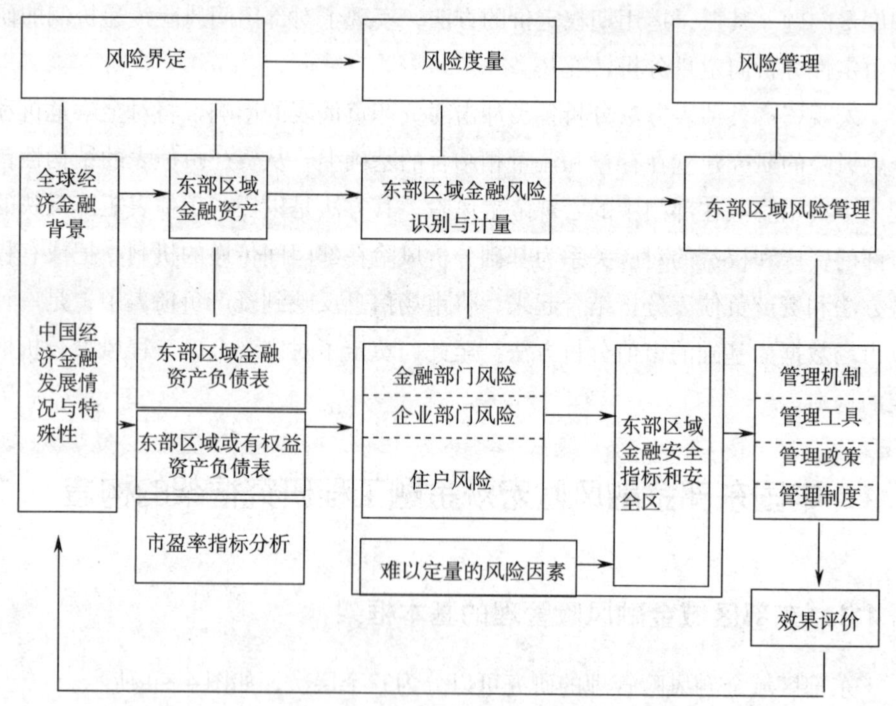

图4-4 东部区域金融风险管理的基本框架

险的工具和机制，包括风险预警机制、快速反应机制和风险处置机制，并构造相应的政策体系和制度体系。最后，构造考评体系，对东部区域的金融风险管理状况进行考评，并将考评的结果及时反馈到风险源头进行调控，由此构成一个完整的循环。

4.4.2 主要内容

（一）东部区域金融风险度量

东部区域金融风险度量分为部门和东部区域整体两个层次。在部门金融风险度量中，反映信用风险的指标分别为违约距离、违约概率和信用溢价。对信用风险关注的原因在于部门所有风险最后都会归结到信用风险。控制部门的信用风险，就基本上可以控制东部区域发生金融危机的可能性。

在东部区域层面，金融风险主要通过金融风险指数来反映。金融风险指数通过资产负债表和资产负债表矩阵的有关指标、或有权益资产负债表和或有权益资产负债表矩阵的有关指标、部门的有关风险指标和其他指标构成，其中的函数关系由不同东部地区数据进行横截面分析获得。在构造东部区域金融风险指标后，运用情景分析、压力测试方法研究利率等因素对东部区域金融风险指数的冲击，从而形成金融风险指数的概率分布。在此基础上按照99%的置信度确定金融安全临界线，按95%的置信度确定金融安全预警线。

（二）东部区域金融风险管理

东部区域金融风险管理包括风险管理机制、风险管理工具、风险管理政策和风险管理制度等四个方面。

在风险管理机制方面，建立东部区域和各个部门的金融安全预警机制、快速反应机制、损失控制机制等。在预警机制方面，根据东部区域和部门金融安全指标体系给出的信号将东部区域金融风险分为不同的区域，在较低风险的区域实行常态管理，在风险中间区域实行危机预防管理。

在风险管理工具方面，分析东部区域和各个部门风险管理的需求，发展金融市场来提供管理金融风险的各种金融工具。从东部区域和各个部门对风险管理的需求来看，包括风险分散、转移和保险等方面，由此要发展相应现货市场、衍生市场和保险市场。

在风险管理政策方面，根据住户部门、企业部门、金融部门的风险和风险管理状况，制订相应的产业政策、对外经济政策、金融政策和财政政策，并根据东部区域金融风险状况和金融安全的需要进行各项政策的协调。从部门出发的政策可以更好地满足各个部门对风险管理的需求。

在风险管理制度方面，主要包括资产负债管理体系和金融稳定基金体系建设两个方面。就资产负债管理体系而言，包括东部区域和各部门的资产管理体系、负债管理体系和资产负债结构管理体系。在金融稳定基金方面，根据东部区域和各个部门资产的市价和波动性可以计算东部区域和各个部门金融风险的在险值，以此作为衡量东部区域及其各部门维持金融系统稳定所需的隐性成本，在此基础上建立东部区域金融稳定基金体系、存款保险体系和担保体系，并构建相关的制度和法律安排。其中，存款保险体系主要针对金融部门，担保体系主要针对企业部门。

（三）对东部区域金融风险管理的评价

设计考察东部区域金融风险管理的机制、工具、政策和制度运行效率的指标体系，并定期使用有关指标进行评价，包括金融部门、企业部门、住户部门和东部区域整体等两个层面。根据各项指标的评价结果对有关机制、工具、政策和制度进行调整，从而改善和提高东部区域金融风险管理状况。

在此需要说明的是，由于区域金融风险和国家宏观金融风险的不同，在现有的体制下，不存在区域内的公共部门（地方政府）破产的可能性，因此在研究区域金融风险与研究国家宏观风险方面不同的是，我们排除了公共部门，由于住户部门缺少现实数据，将在以后的研究中逐步收集整理。

5　中国东部金融风险实证研究

——资产负债表法

前面几章对金融脆弱性、金融危机及区域金融风险的形成、传导和转移机制从定性的角度进行了相关的研究，并在总结传统的金融风险管理方法和管理工具的基础上，提出了基于期权定价理论为核心的 VaR 风险度量和识别体系，即宏观金融工程区域风险分析框架。本章以东部地区为例使用资产负债表分析，从货币错配、期限错配、资本结构错配等角度对东部金融风险进行实证方面的研究。

5.1　基于资产负债表分析法的相关概念介绍

基于资产负债表分析法的宏观金融工程风险研究对象主要涉及分析框架、金融风险、风险识别三类概念。

5.1.1　分析框架相关概念

该类别涉及的是资产负债表分析的核心研究对象。

1. 货币错配，指资产和负债在币种上不匹配。戈登斯坦教授（2005）将其定义为“在权益的净值或净收入（或二者兼而有之）对汇率的变动非常敏感时，就出现了所谓的‘货币错配’”。

从存量的角度看，货币错配指的是资产负债表（即净值）对汇率变动的敏感性；从流量的角度看，货币错配则是指损益表（净收入）对汇率变动的敏感性。净值/净收入对汇率变动的敏感性越高，货币错配的程度也就越严重。

宏微观层面货币错配的影响会相互作用：一方面，货币错配对微观主体的影响会传导至银行等金融机构，并叠加和传导至宏观层面，造成整个金融体系的脆弱性，影响一个国家宏观经济的稳定。另一方面，货币错配在宏观层面的影响，导致企业不会将汇率风险内部化，从而货币错配不断积累。

货币错配对中国的具体负面影响突出表现在：升值预期下资本流入所导致的货币错配加剧会引起通货膨胀和经济过热；升值预期下货币错配的不断加剧会压缩货币政策工具的操作空间，进而影响货币政策的有效性和金融调控能力；以巨额净外币资产为特征的货币错配会带来高额的成本，包括机会成本、收益损失、冲销成本、贬值损失；净外币资产不断大幅增加所导致货币错配程度的不断上升进一步强化了人民币升值预期，导致汇率政策和货币政策相互冲突；以巨额净外币资产为特征的货币错配会损害经济持续增长的潜力，并导致经济结构失衡；升值预期与货币错配之间的相互促进作用会引起脆弱性上升，并有可能导致危机。1982 年爆发于拉美的金融危机就被认为是以外币计价的有效债务累积到不堪重负的程度导致的。

2. 期限错配，指资产和负债在期限上不匹配的现象。如果风险缓释的期限比当前的风险暴露的期限短，则产生期限错配。如有期限错配且风险缓释的剩余期限不到一年，则不承认风险缓释在资本要求上的作用。期限错配通常会带来展期风险和利率风险。例如，当外汇存在期限错配时，如果一旦市场环境发生不利变化，国内借款者就没有足够的流动资产来偿还短期外汇借款；以固定利率借入短期债务的金融机构，把借入的短期债务投资在长期金融工具上时，就会面临利率上涨的风险。在墨西哥 1994 年金融危机中，金融部门的错配问题非常突出。

3. 资本结构错配，通常发生在一个公司或国家主要依靠债务而不是发行股票来筹资时，一般发生在对债务比较依赖的国家或地区。过度地依赖债务融资——包括短期债务融资，会同时带来到期日错配和资本结构错配的可能性。泰国和韩国的危机就是过度依赖债务融资的结果。1997 年以前，泰国的税收政策鼓励发行公司债券融资，于是负债权益比非常高。在许多发生危机的国家都有比较高的杠杆比率。当流动性和货币危机（例如资产价值的下跌、不良贷款的增加等等）冲击金融机构的资产负债表时，这种资本结构吸收风险的能力是很有限的。

4. 清偿力风险，是由于债务大于资产而出现资不抵债的风险。清偿力风险和到期日、货币和资本结构错配是密切相关的。清偿力的内容与私人部门的资产负债表密切相关，私人企业的资产需要超出其负债额。一个政府的净资产就是其获得更多财政盈余的能力，如果其贴现的未来财政结余超过目前的政府净负债存量，则这个政府是具有清偿力的。对一个国家来说也是如此。因此，当评估清偿力时，政府负债通常与一些流行性的指数，如 GDP 和收入相比较，一个国家的负债常与 GDP 和出口额相比。清偿力风险包括私人部门、政府部门和国家的清偿力风险。

5.1.2 金融风险相关概念

一、脆弱性

金融制度学认为，金融制度是有关金融交易、组织安排、监督管理及其创新的一系列在社会上通行的习惯、道德、法律法规等构成的规划集合，由金融组织、金融市场和金融监管三个系统组成。金融脆弱性指金融制度或金融体系的脆弱性，是指由于外因和内因的作用使得三个子系统功能耦合、互相适应的金融体系稳健性受到破坏以及金融制度结构出现非均衡导致风险积聚，并导致金融体系丧失部分或全部功能的金融状态。

二、展期风险

指短期债务到期时，无足够的资产或资产投资于长期金融工具而无法偿还债务，不得不通过发行期限更长的新债务来偿还原有的债务，即“发新债还旧债”。通常，展期风险会带来利率风险，如阿根廷过高的债务使其筹资的利率不断攀升。

三、流动性风险

因大量资产被投资于长期金融工具，当大量的短期债务到期时，无足够流动资产来偿还短期债务，就造成了流动性风险。

5.1.3 风险识别相关概念

一、净金融头寸

金融资产减去金融负债后的余额。大量的、负的净金融头寸通常会产生偿付力问题，特别是总债务中利用杠杆融资的债务比例很高时。

二、净外汇头寸

外汇资产减去外汇负债后的余额。一个部门如果持有大量的、负的净外汇头寸，通常会面临汇率贬值的风险；反之，则会面临汇率升值的风险。

三、净短期头寸

短期资产减去短期债务后的余额。大量的、负的净短期头寸意味着将面临利率上涨和展期风险。

对东部区域金融风险研究，基本围绕以上三类概念展开。

5.2 东部区域主要经济部门资产负债表的编制与分析

5.2.1 金融部门资产负债表的编制与分析（2003—2007 年）

东部金融部门资产负债表法的分析涵盖了东部 12 省（市、自治区）全部银行类金融机构（含农村信用社、邮政储蓄银行）。分析数据均根据中国人民银行历年发布的《中国金融年鉴》、《中国区域金融运行报告》、《中国货币政策执行报告》、《中国金融稳定报告》以及各省的《金融运行报告》等统计数据整理而成。

一、数据的收集

1. 从《中国金融年鉴》获取全国银行业金融机构的 2003—2007 年资产负债数据；根据《中国区域金融运行报告》中 2005—2007 年东部地区银行业金融机构资产总额在全国占比，2004 年、2003 年的占比分别以 2005 年的数据增幅逆推；以资产总额占比乘以全国的资产总额，计算东部金融部门资产总额，但由于 2003—2004 年区域金融运行报告中的东部省份未包含广西壮族自治区，2003—2007 年未包含广西壮族自治区和辽宁省，因此，从《中国金融稳定报告》中获得这两个省份所缺的资产总额，整理出东部金融部门 2003—2007 年的总资产。

2. 金融部门负债的计算与以上相似，不同的是以东部在全国的本外币各项存款占比来代替其负债在全国的占比（2007 年全国本外币各项存款在总负债中占比 80.92%），对于统计中未涵盖的省份，我们以存款余额来代替该省份的负债，加总后即可得到金融部门在 2003—2007 年的总负债。

3. 依据《金融运行报告》，分别加总 2003—2007 年东部 12 个省份的人民币贷款余额和本外币贷款余额，并计算出每年人民币贷款的占比，乘以相应年份金融部门的总资产，近似可得到 2003—2007 年的本币资产和外币资产。

4. 根据《金融运行报告》，分别加总2003—2007年东部12个省份的人民币存款余额和本外币存款余额，并计算出每年人民币存款的占比，乘以相应年份金融部门的总负债，近似可得到2003—2007年的本币负债和外币负债。

5. 以《中国区域金融运行报告》中2004—2007年的东部地区本外币短期贷款和票据融资在本外币贷款中的比例之和作为金融部门的短期资产占比，2003年的占比以2004年和2005年的均值作进一步代替，最后估计出金融部门的短期资产和长期资产。

6. 以《中国金融稳定报告》中的东部地区总贷款中的活期贷款占比作为短期资产在总资产中的占比，进一步计算出短期资产和长期资产项目余额。

二、东部金融部门资产负债表

表5－1　东部区域金融部门资产负债表　单位：亿元

科目	2003年	2004年	2005年	2006年	2007年
资产	173 169.69	199 448.14	248 173.38	299 373.21	362 418.37
本币资产	156 405.17	179 412.80	227 604.53	274 130.13	332 022.61
外币资产	16 764.52	20 035.34	20 568.85	25 243.08	30 395.76
流动资产	95 329.91	113 884.89	131 531.89	152 680.34	179 034.67
长期资产	77 839.78	85 563.25	116 641.49	146 692.87	183 383.70
负债	169 205.12	197 518.95	235 149.94	273 566.90	324 830.25
本币负债	156 487.50	184 586.75	222 097.46	260 011.49	312 046.80
外币负债	12 717.62	12 932.20	13 052.48	13 555.41	12 783.45
流动负债	80 034.02	95 006.61	108 404.12	140 886.95	218 935.59
长期负债	89 171.10	102 512.34	126 745.82	132 679.95	105 894.66
权益	3 964.57	1 929.19	13 023.44	25 806.31	37 588.12

数据来源：根据《中国金融年鉴》、《中国金融运行报告》、《中国区域金融运行报告》等2003—2007年银行业金融机构统计数据计算整理得出。

三、金融部门资产负债表分析

根据2003—2007年东部金融部门的资产负债表所包含科目：总资产、总负债、总权益，流动资产、流动负债，长期资产、长期负债，本币资产、本币负债，外币资产和外币负债等，对金融部门的资本结构、期限错配、货币错配、清偿力风险等进行度量和分析。

（一）资本结构分析

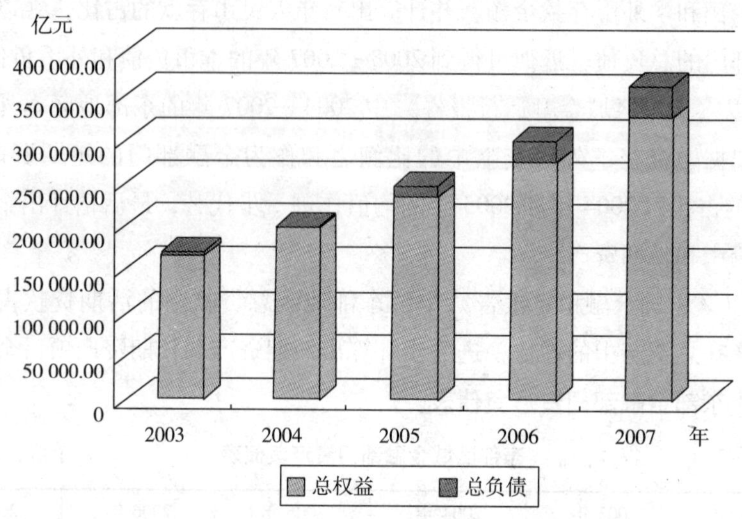

图 5 –1　东部区域金融部门资本结构

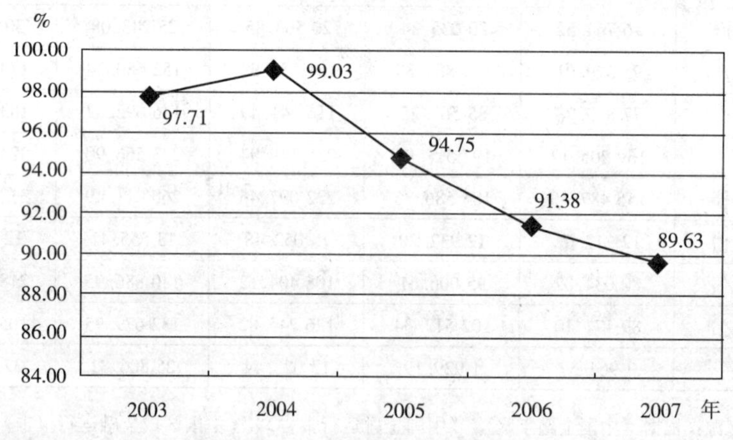

图 5 –2　东部区域金融部门资产负债率

资本结构错配风险往往是由于部门对负债融资过分依赖，而非主要通过股权融资时引起，而金融部门的资本结构也直接关系到国家金融安全，以及能否支持经济更加健康快速地发展。近五年来，东部金融部门在总资产快速增长的同时，权益也在显著提高。2003 年总资产为 173 169. 69 亿元，2007 年已达 362 418. 37 亿元，增加了 1 倍多；总负债由 169 205. 12 亿元增长到 324 830. 25

亿元，增加不到1倍；权益由3 964.57亿元提高到37 599.12亿元，为2003年的近10倍。

基于以上数据及在整理过程中的有关资料分析，我们认为，一是从1998年开始向国有独资银行注资，特别是五大国有（或国家控股）商业银行（工、农、中、建、交）及其分支机构剥离不良资产，使商业银行的资产负债状况得到了明显改善，部分商业银行上市也使商业银行的治理结构和经营形势趋向好转；二是金融债务融资的比例有所下降，东部区域商业银行和企业上市比例上升，股权融资为银行和企业带来了双赢。

从资产负债率可以看出，2003年，东部金融部门资产负债率是97.71%，2004年上升接近于1，之后开始逐步下降，截至2007年为89.63%，可见，其资本结构合理化程度在不断提高。

（二）期限错配分析

表5－2　　东部金融部门总资产中的流动资产占比与总负债中的流动负债占比　　单位：%

年份	2003	2004	2005	2006	2007
流动资产占比	55.05	57.10	53.00	51.00	49.40
流动负债占比	47.30	48.10	46.10	51.50	67.40

期限错配风险是由于资产以长期资产为主，而负债以短期负债为主，使得流动资产与流动负债不匹配引发的。从东部金融部门资产负债的期限结构来看（见表5－2），自2005年以来流动性负债呈明显的上升趋势，流动负债的增速超过了流动资产，长期负债呈下降趋势。总资产中流动资产占比在2005年以来也是在下降的，到2007年为49.40%，而总负债中的流动负债的占比却在不断上升，2007年升至67.40%。同时，东部金融部门的流动比率在不断下降，2003—2006年流动资产尚大于流动负债，而在2007年流动资产只占流动负债的81.8%，金融部门短期资产小于短期负债。从整体上看金融部门流动性风险呈增长趋势。

从资金来源的地区分布看，东部地区是银行存款的主要来源，而存款作为负债比重最大的一部分，与资本市场活跃、通货膨胀预期上升相适应，各地区居民存款和企业存款活期化趋势比较明显。贷款作为资产中最重要的部分，各地区中长期贷款比重在不断提高，2007年海南、广西、广东新增中长期贷款

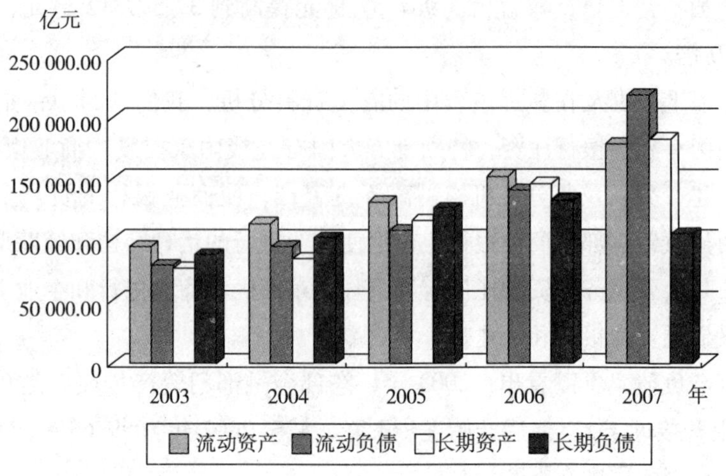

图 5－3　东部区域金融部门资产负债期限结构

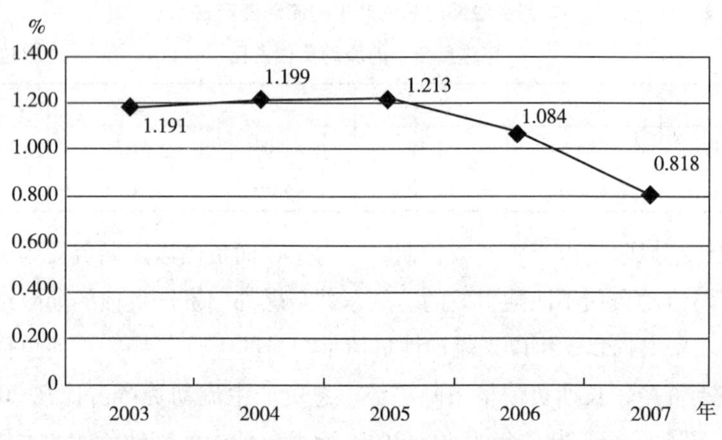

图 5－4　东部区域金融部门流动比率

在新增贷款中的占比均超过 80%。中长期贷款作为长期资产的一部分，主要投向基础设施行业。同时，以个人住房贷款为主的个人中长期消费贷款增长较快，东部地区在 2007 年新增的中长期贷款中，个人中长期消费贷款较 2006 年提高了 27 个百分点。在负债活期化趋势加剧的背景下，长期资产占比持续攀升使金融部门资产负债期限结构错配的问题更为突出，由此可能产生的流动性风险和利率风险值得关注。

（三）货币错配分析

货币错配风险是由于外币资产与外币负债的不匹配引发的。从东部金融部门币种结构来看，外币资产在缓慢增长的同时外币负债无明显上升，历年的外币资产均大于外币负债。同时，总资产中的外币资产占比和总负债中的外币负债占比均在下降，且外币负债占比下降较快，符合东部经济外向型加工业的特点，外贸依赖度高，外贸顺差大。

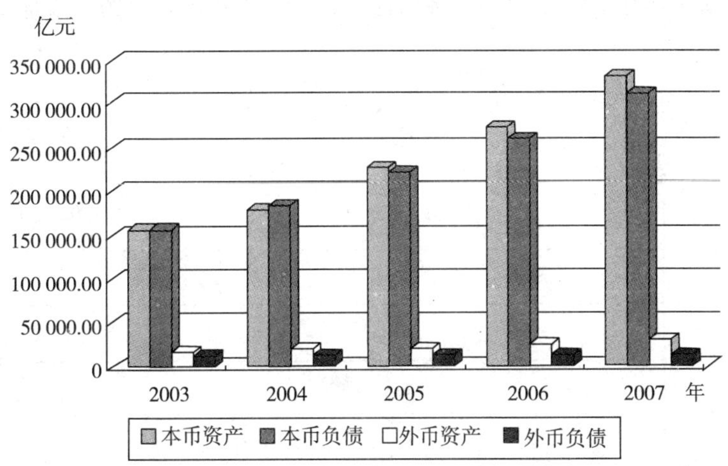

图5－5　金融部门资产负债币种结构

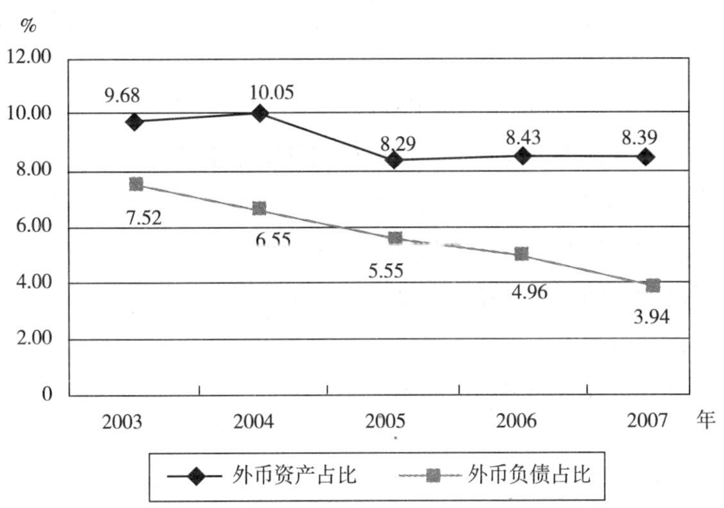

图5－6　外币资产占比与外币负债占比

对于东部金融部门的外币资产，由于受人民币升值预期和美元贷款利率相对较低等因素的影响，外汇贷款呈增长趋势，2007 年东部地区外汇贷款增加 330.5 亿美元，同比多增 130.0 亿美元。从负债结构来看，全国大部分省份外币存款余额下降，2007 年东部地区外币存款较 2006 年减少了 8.2 亿美元，数量和占比的同时下降，由此可以解释 2007 年外币负债减少的现象。由于东部地区经济外向型程度较高、顺差大，受本币升值预期、外币贷款利率较低和外贸顺差的多重挤压，外币资产继续增加，存在货币错配的风险，应适当提高外币贷款利率。

（四）清偿力分析

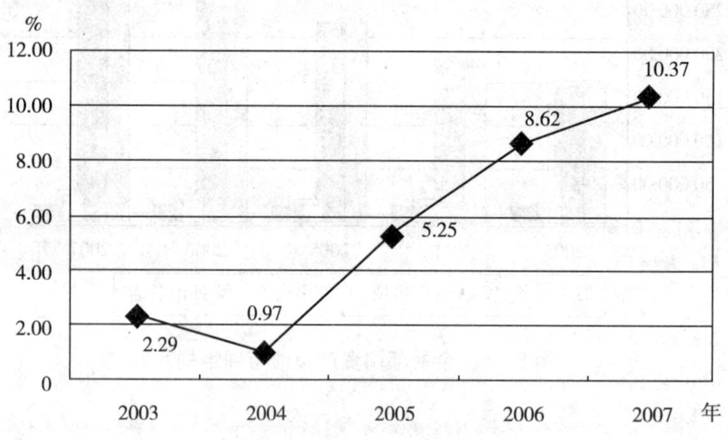

图 5－7　东部区域金融部门权益占比

金融机构的清偿力风险是指金融机构出现资不抵债的情况。由于金融部门本身的特殊性，相对其他部门，具有对债务融资很强的依赖性，资产负债表极易显示出资不抵债的情形。在 2003 年和 2004 年，金融部门权益占比极低，之后开始逐步上升，到 2007 年权益占比达到 10.37%，对于金融部门来讲，应该是一个较为合理的水平，因此东部金融部门的清偿力风险不大。

四、金融部门与其他部门的联系

中国东部金融体系中银行仍然占据绝对重要的地位。在过去，银行体系权益比重极小，很多银行是超额负债经营甚至是资不抵债经营，其原因是多方面的，主要是因为公共政策导致的政企不分，使金融部门资本财政化，银行部门的资本结构问题突出。随着金融体制改革的深入，商业银行的治理结构在不断改善，各类经营指标出现了明显的好转。

按说在市场经济条件下，在资本市场高度发达的国家和地区，企业生产发展除了自有资金外，长期投资一般主要依靠资本市场，从银行贷款只是获取短期流动资金需要，但是由于我国的资本市场尚不够发达，使多数企业无论是短期融资和长期资金都寻求银行贷款，使银行的信用风险和流动性风险不断累积，一定程度上破坏了金融部门的清偿力。

目前，中国对期限错配的预警信号不强，主要原因是民众的着眼点放在中国经济长达二十多年的高速增长上，而且对未来经济的增长势头仍然看好。可以说是经济的繁荣一定程度上掩盖了中国潜在的金融资产期限错配问题。

5.2.2 企业部门资产负债表编制与分析

一、东部企业部门资产负债表数据收集

东部区域企业部门资产负债表主要涵盖东部12个省（市、自治区）的工业企业、餐饮业、批发零售业以及建筑业。考虑数据的可得性，主要考察1998—2006年全部国有及规模以上非国有工业企业、限额以上餐饮企业、限额以上批发零售业以及所有建筑企业的资产负债情况。

1. 东部12个省（市、自治区）企业部门资产负债数据来源于历年中国统计年鉴以及各省的统计信息网。工业企业总资产、流动资产和总负债统计数据均可得到，无缺失，且工业企业的资产负债在总资产负债中占比最高；餐饮业、批发零售及建筑业在总体中占比较小，因此参照相关数据补齐时产生的偏差对总体基本无影响。

2. 数据缺失情况：北京2002—2003年餐饮业及批发零售业的流动负债数据缺失；河北、辽宁、上海、福建、山东、广东、广西、海南，2002—2006年餐饮业及批发零售业缺失流动负债的数据，2004年餐饮业、批发零售业、建筑业三个行业缺失总资产、流动资产、总负债、流动负债的数据，以及2004年工业企业缺失流动负债的数据；江苏缺失2006年餐饮业、批发零售业的流动负债的数据；浙江缺失2004年餐饮业、批发零售业、建筑业三个行业的总资产、流动资产、总负债、流动负债的数据，2006年餐饮业、批发零售业的流动负债的数据。

3. 处理方法：2004年餐饮业、批发零售业或建筑业缺失的总资产、流动

资产、总负债统计数据，以 2003 年和 2005 年相应指标的中值取代；2002—2006 年餐饮业或批发零售业缺失流动负债统计数据，首先以前三年的流动负债/总负债的均值作为当年的比例，然后乘以总负债即得到缺失数据的合理取代值；2004 年建筑业或工业企业缺失的流动负债，首先根据 2003 年和 2005 年的中值确定 2004 年流动负债/总负债比率，然后乘以总负债取得近似值。

二、东部区域企业资产负债表

表 5－3　　　　东部区域企业部门资产负债表　　　　单位：亿元

科目 / 年份	总资产			总负债			总权益
		流动资产	长期资产		流动负债	长期负债	
1998	89 165. 540	44 327. 354	44 838. 186	54 979. 246	42 487. 503	12 491. 743	34 186. 294
1999	95 954. 261	47 183. 391	48 770. 870	60 979. 837	46 894. 734	14 085. 104	34 974. 423
2000	103 909. 916	51 844. 376	52 065. 540	64 818. 604	49 987. 309	14 831. 295	39 091. 311
2001	111 981. 533	55 597. 224	56 384. 308	67 537. 144	52 620. 816	14 916. 328	44 444. 389
2002	121 408. 220	62 881. 837	58 526. 384	74 537. 003	59 222. 955	15 314. 048	46 871. 218
2003	144 402. 158	75 787. 086	68 615. 072	87 058. 972	69 980. 768	17 078. 204	57 343. 186
2004	179 239. 334	91 735. 696	87 503. 638	105 718. 962	89 262. 362	16 456. 600	73 520. 372
2005	214 301. 588	113 791. 392	100 510. 196	127 491. 298	105 255. 817	22 235. 481	86 810. 290
2006	253 090. 776	136 296. 092	116 794. 684	149 927. 041	124 934. 069	24 992. 972	103 163. 736

数据来源：中国国家统计年鉴，东部各省（市、自治区）统计信息网工业部门、建筑行业部门、批发零售业部门、餐饮业部门资产负债情况编制，并对缺失数据参照估计处理。

三、企业部门资产负债表分析

根据东部地区 1998—2006 年企业部门合并得到的资产负债表所包含科目：总资产、总负债、总权益，流动资产、流动负债，以及长期资产和长期负债等，分析企业部门的期限错配、资本结构错配以及清偿力，识别东部地区企业部门内部潜在的风险。

（一）资本结构分析

当融资主要是通过负债融资而非通过股权融资时，会产生资本结构错配风险。1998 年，中国企业部门的资产负债率为 61. 66%，1999 年该比率上升到最高点 63. 55%，此后呈现下降趋势，2001 年下降至 60. 31%，经过短暂的上升，到 2004 年资产负债比率下降到 58. 98%，2006 年为 59. 24%，该指标值处于较高水平，表明东部地区对负债融资依赖程度依然较高。

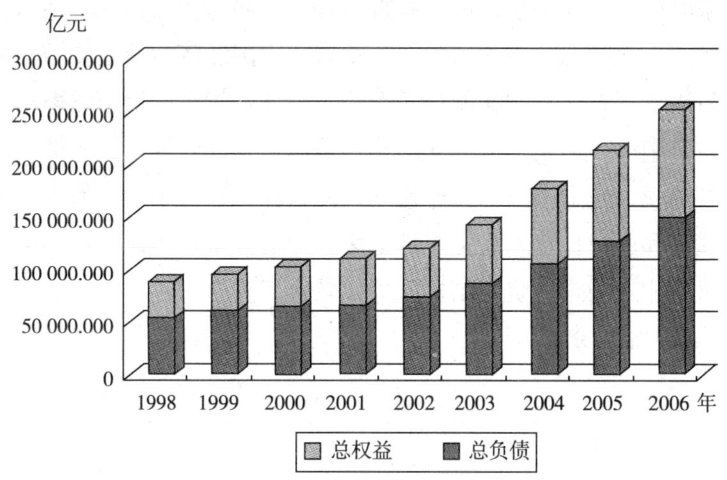

图 5－8　东部区域企业部门资本结构

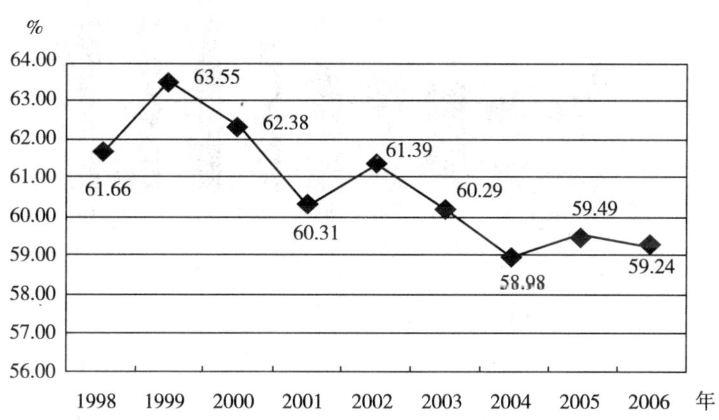

图 5－9　东部区域企业部门资产负债率

表 5－4　　**东部区域企业部门债务股权比率**　　单位：%

年份	1998 年	1999 年	2000 年	2001 年	2002 年	2003 年	2004 年	2005 年	2006 年
比值	1.608	1.744	1.658	1.520	1.590	1.518	1.438	1.469	1.453

现在我们再来考察一下东部企业的债务股权比率（负债/股东权益）。1998 年债务股权比率是 1.608，2003 年上升到 1.744，之后整体呈现下降趋势，2004 年为最低点 1.438，2006 年该比率为 1.453，处于相对较高水平，表明东部区域企业部门杠杆率较高。当然，高杠杆率对企业自身经营未必是坏事，近年来我国的通货膨胀率一直较高，企业多借债可以转移部分经营风险。

在经济繁荣时期，企业多借债可以获得额外的利润。但是在经济不景气时，大量债务会增加企业利息负担和风险。近年来，中国经济增长在经历了前些年的通货紧缩后逐步好转，呈明显的增长态势。因此，较高的债务比率对企业自身经营是相对有利的。但是，因产业结构调整而带来的经济增长放缓，潜在的债务风险不容忽视，应适当降低债务比率，使其保持在一个合理的水平上。从综合资产负债率和股权比率来看，东部地区企业财务结构还是比较稳定的，资本结构错配风险相对稳定，资本结构配置比较合理安全。

（二）期限错配分析

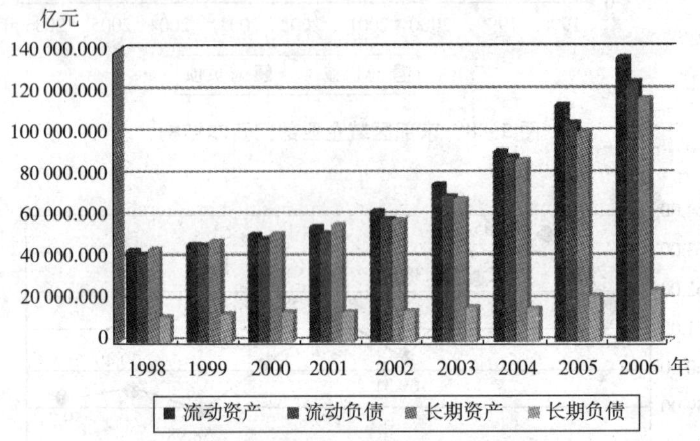

图5－10 东部企业部门资产负债期限结构

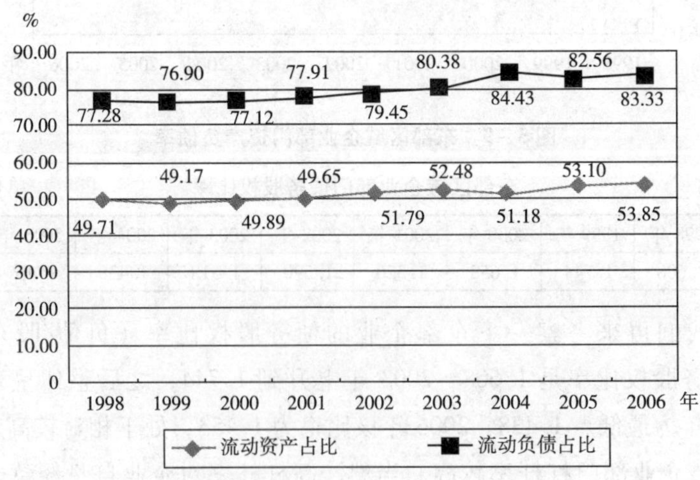

图5－11 流动资产占比和流动负债占比

近年来东部地区企业部门流动资产、长期资产以及流动负债均稳步上升（见图5－12），流动资产和流动负债上升幅度明显，长期负债一直处于较低水平。九年间，长期负债由12 491.7432亿元增加到24 992.972亿元，增幅为100%，年均增长率为11.11%基本与中国经济增长速度相一致；而流动负债由42 487.5028亿元增加到124 934.0686亿元，增幅为194.09%，年均增长率为21.57%，增长较快，风险较大，这也可能与东部第三产业发展程度高，短期、临时性借款比例上升有关。

期限错配是指企业的资产与企业的负债期限结构不匹配，一般是指资产以长期为主，而负债则主要是短期。1998年，企业部门总资产中流动资产占比为49.71%，表明企业部门非流动资产占较大比重；流动负债为42 487.5028亿元，长期负债为12 491.7432亿元（流动负债与长期负债比率为3.401），流动负债远高于长期负债。企业流动资产与长期资产比率接近于1，但负债主要是流动负债，到期负债企业没有十分充足的流动资产予以偿付，企业资产负债期限结构存在错配问题。特别是非流动资产多为固定利率的，而流动负债多为浮动利率的，如果利率上升，企业部门的利息支付增加，企业将面临较高的利率风险。1998年以来，企业资产中流动资产占比呈上升趋势，到2002年为51.79%，表明总资产中流动资产超过长期资产，开始占据主导地位，2002年流动负债为59 222.9548亿元，长期负债为15 314.0478（流动负债与长期负债比率为3.867）。随着流动资产占比的逐步提高，截至2006年，该比率达53.85%，流动负债为124 934.0686亿元，长期负债为24 992.972亿元（流动负债与长期负债比率为2.961），2005年企业部门流动资产占总资产45.6%，流动负债为177 535.65亿元，长期负债为70 752.05亿元（流动负债与长期负债比率为4.999）。从以上数据上看，1998—2006年企业部门仍然存在期限错配的问题。

近年来，东部企业部门的流动资产和流动负债均维持着一个稳步增长的趋势，其中，流动资产的增长速度要快于流动负债。这在流动资产和流动负债的差额上也有体现，具体来看，1998年企业部门的流动资产略高于流动负债，1999—2001年差额变化不大，但2005年后两者差额明显增大。总体来说，1998—2006年，东部企业部门的流动资产总额都超过了其流动负债总额，两者差额呈现逐渐扩大的趋势，企业部门的财务状况逐年在向好的方面发展。

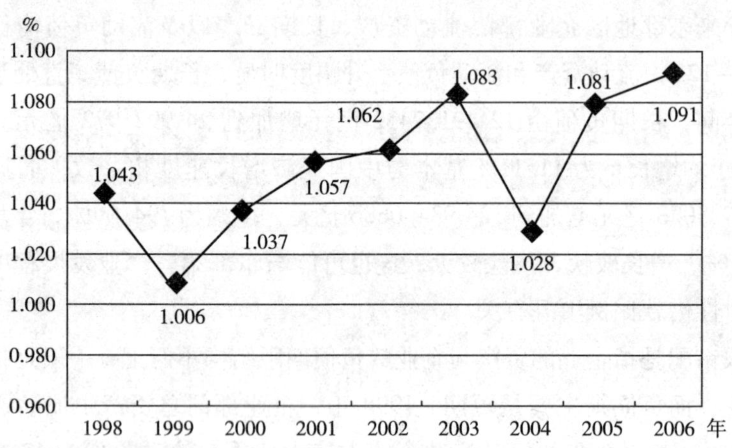

图 5－12　东部区域企业部门流动比率

考察企业部门的流动比率。1998 年流动比率为 1. 043，1999 年下降到最低点 1. 006，之后开始逐步提高，到 2003 年达到 1. 083，在 2004 年出现较大的波动，流动比率快速下降至 1. 082，但属于暂时变化，之后开始上升，2006 年流动比率为 1. 091。流动资产虽然高于流动负债，但相差幅度较小，企业日常经营状况仍可能因负债压力而受到影响，但随着流动比率的逐步提高，期限错配风险在不断下降。

（三）清偿力分析

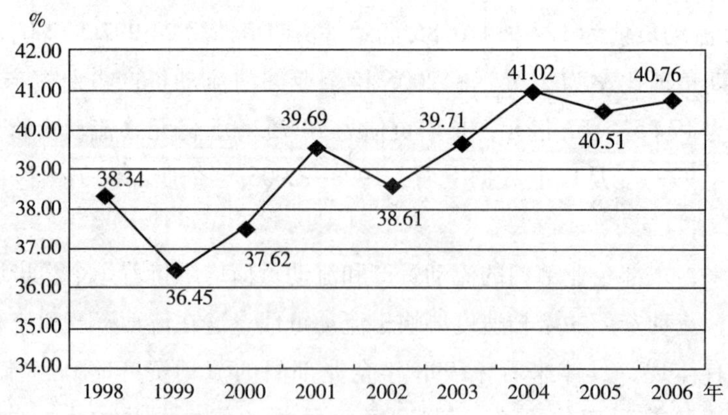

图 5－13　东部区域企业部门权益占比

清偿力风险主要是指企业的资不抵债，也就是企业的净资产为负而破产的风险。清偿力与期限错配和资本结构紧密相关，企业过分依赖负债融资会产生较大的违约风险，一般用企业部门权益占比（权益/总资产）来分析。1998 年以来，该比值维持在 40% 上下浮动。其中，1999 年权益占比最低，为 35.45%，之后有了一个较大的增长，到 2001 年为 39.69%，经历短暂的下降之后继续上升，2004 年达最高点为 41.02%，2006 年为 40.76%，总体来说，企业部门未出现资不抵债的情形，权益为正，权益占比亦处于较为合理的水平，整体清偿力风险不大。

四、企业部门与其他部门的联系

企业部门往往是其他部门风险的源头。中国东部企业部门在以上三类风险分析中有两类风险都表现出良好的抗风险能力，在其资本结构以及清偿力分析中，均无不安全因素显现，这与中国东部近年来经济快速发展有着必然的联系。

一般来说，当企业部门资产的市值小于其负债的账面价值时，企业清偿力风险就暴露了。如果企业部门大面积违约，势必会造成银行大量的不良贷款，从而导致银行危机。那么，财政等公共部门必将对银行注资，于是风险就又传导到公共部门，最后势必影响到作为公共部门债权人的家庭部门。因此，企业部门的风险是我们宏观调控和监管的一大重要内容。1998—2006 年中国企业部门的清偿能力上升，但是随着经济周期和产业结构调整，未来的清偿力风险值得密切关注。

6 中国东部金融风险实证研究

——或有权益法

上一章，通过资产负债表对东部区域的金融和企业两大部门整体的运行状况分别从货币错配、期限错配、资本结构错配及清偿力风险几方面进行了结构性的风险分析，由于资产负债表本身的局限性，其资产负债结构只是对过去和现时状况的反映，企业经营和金融机构的信贷是一个连续的过程，这种静态的分析远远不能满足对未来风险防范的需求，因此，我们有必要引入期权定价的理论，编制或有权益资产负债表，从动态上衡量未来的经营风险。

6.1 或有权益法概述

或有权益资产负债表的编制建立在资产市场价值的基础上，能够反映投资者对未来的预期和不同时期的市场风险，而不是依赖于历史的账面信息。通过观察资产市场价值的波动和其与资产账面价值的差异，我们能够看出资产投资价值被市场认可的程度。

编制经济部门的或有权益资产负债表，首先所要确定的是资产市场价值及其波动率。一个经济实体的资产市场价值 $A(t)$ 等于次级权益（Junior claim）的市场价值 $J(t)$ 和风险债务（Risky debt）的市场价值 $D(t)$ 之和，即

$$A(t) = J(t) + D(t) \tag{6.1}$$

其中，$J(t)$ 通常是股权的市场价值，可以看做一个看涨期权。同时，风险债务（Risky debt）是无风险债务（Default - Free Debt）减去债务担保（Debt Guarantee）的差。无风险债务就是违约点（DB），通常用短期债务加上一半的长期债务来计算，而债务担保可以看成一个看跌期权（Put Option），所以

$$D(t) = DB - Put \tag{6.2}$$

以上 $J(t)$ 可从金融市场价格得到，DB 可以从资产负债表中得到，所以都是已知量，下面是计算看跌期权（Put Option）的步骤。

第一步，将可观察到的股权的市场价值 $J(t)$ 及其波动率 σ_J 、违约点 DB 和无风险利率代入以下方程组，从而解出资产的市场价值 A 和资产的波动率 σ_A 。$N(d)$ 表示以标准正态分布函数计算出的概率（以 d 为积分上限），r 为无风险利率。

$$\begin{cases} J = N(d_2)A - DBe^{-rT}N(d_1) \\ A\sigma_A = J\sigma_J N(d_2) \end{cases}$$
$$d_1 = \frac{ln(A/DB) + (r + \sigma_A{}^2/2)T}{\sigma_A T^{1/2}},\ d_2 = d_1 - \sigma_A T^{1/2} \tag{6.3}$$

第二步，将公司资产价值 A 和资产的波动率 σ_A 代入看跌期权公式算出看跌期权。

$$P = DBe^{-rT}N(-d_1) - N(d_2)A \tag{6.4}$$

通过以上步骤，我们就可以得到基于市场价值的或有权益的输入变量，计算出部门的资产市场价值，以股权 $J(t)$ 作为权益的市场价值，同时负债市值等于资产市值和权益市值之差，即可编制出上市经济部门的或有权益资产负债表。

6.2 东部主要经济部门或有权益资产负债表的编制

根据所建立模型要求，主要考察东部上市金融部门和上市企业部门，并确定编制或有权益资产负债表的输入变量。

6.2.1 无风险利率（r）

无风险利率体现为租用资金的价格，通常由债券型金融商品的到期收益率来度量，可以将一项债券型资产利率写成下面的形式：利率 = 资金的纯时间价值 + 通货膨胀率 + 风险补偿，其中，风险补偿主要包括违约风险、流动性风险等。真正意义上的无风险利率应该包含风险补偿，即体现为资金的纯时间价值和通货膨胀率之和，因而考虑无风险利率时应从考察风险和流动性风险入手：违约风险越小，越接近于无风险利率；流动性越好，越接近于无风险利率；同时作为无风险利率应该是市场化的，即不存在严重的市场分割。从几个方面考虑，可以比较常用的国债收益率、国债回购利率和银行定期存款利率（见

表6－1）。

表6－1　　　　无风险利率的选择

类别	违约风险	流动性	市场化程度
国债收益率	无	银行间市场与交易所市场，前者不可上市流通，后者交易量很少	二级市场分割，市场化程度低
国债回购利率	相当于抵押	交易相对活跃	二级市场分割，银行间市场在交易量中占多数
国债回购（银行间市场）			市场分割：金融机构投资者可参与，个人与一般企业投资者无法参与
一年银行定存利率	小	定期存款差	不存在，但利率不是市场化的

资料来源：和讯财经。

相比较之下，用国债回购利率（银行间市场和交易所市场综合考虑）与一年期银行定期存款利率作为无风险利率比较合适。由于国内利率还未市场化，所以对于无风险利率一般是以银行一年期存款利率为参考。

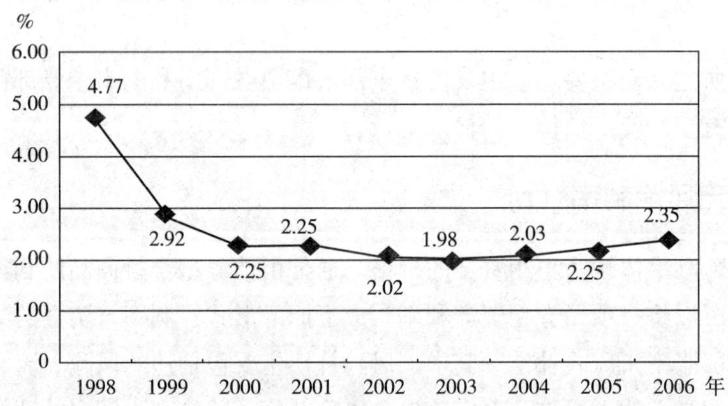

数据来源：中国人民银行。

图6－1　无风险利率

根据中国人民银行公布的一年期存款利率，可看出1998年以来，中国无风险利率处于下降趋势，自2004年其逐步开始回升，但总体看来，2000年以后，无风险利率处于较稳定的状态，无大幅波动。无风险利率仅作为编制或有权益资产负债表的一个中央输入变量。

6.2.2 股权市值波动率（σ_J）

股权市值波动率包括上市金融部门和上市企业部门两个部分。通过东部区域所有金融性上市公司每日的资本市值之和计算金融部门的资本市值波动率，通过所有非金融性上市企业每日的资本市值之和计算企业部门资本市值波动率，数据来自于“Wind”。

根据波动率$\sqrt{\tau}$法则①，资产市值波动率，即股权年波动率，计算如表6－2所示：

$$\sigma_E = \sqrt{\tau} \times \sqrt{\mathrm{var}(\ln(S_{t+1}/S_t))} = \sqrt{\tau} \times \sqrt{\frac{1}{n-1}\left(\ln(S_{t+1}/S_t) - \frac{1}{n}\sum_{t=1}^{n}\ln(S_{t+1}/S_t)\right)^2} \tag{6.5}$$

其中，S_t 为上市企业部门与上市金融部门每日收盘值；n 为样本容量；$\sqrt{\mathrm{var}(\ln(S_{t+1}/S_t))}$ 为平均日波动率；τ 为一年交易日的天数，一般为252天，对于年统计数据不足252天的，所缺数据采用0日波动率补齐到252天。结果如表6－2所示：

表6－2　　东部上市企业股权年波动率　　单位：%

年份	1998	1999	2000	2001	2002	2003	2004	2005	2006
上市企业部门	18.80	17.10	15.00	17.60	20.80	16.90	16.70	20.10	21.00
上市金融部门	24.14	19.02	60.33	24.73	25.31	27.47	34.82	27.07	53.72

数据来源：根据“Wind”公布的东部上市公司股权市值计算得出。

结果表明，东部区域上市企业部门和上市金融部门股权年波动率一直处于波动状态之中，企业波动范围较小，在0.15～0.21；金融部门波动幅度较高，最高达波动率60.33%，2001—2005年处于相对平稳的波动区间，而在2006年高达53.72%，较2005年上升26个百分点。

① 资产市值＝股权市值＋账面负债，账面负债波动率＝0，资产市值波动率＝股权市值波动率。

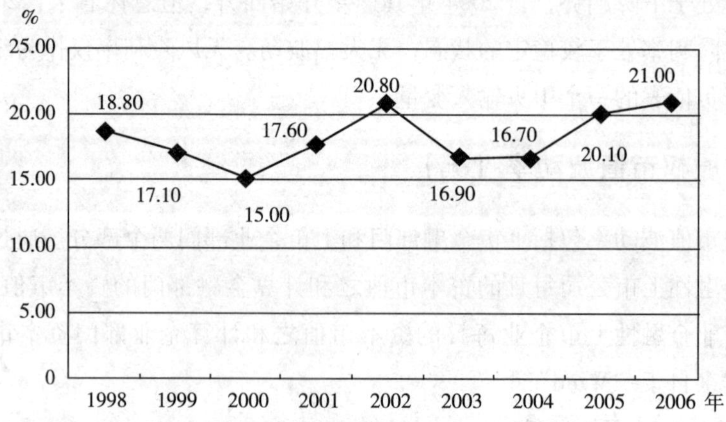

图 6 – 2 上市企业部门股权年波动率

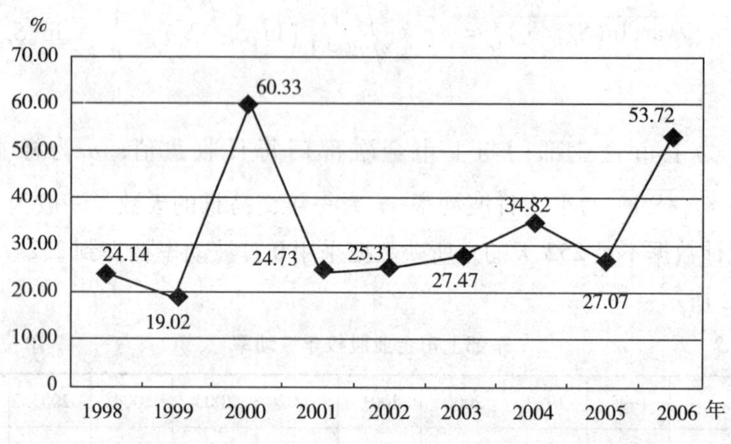

图 6 – 3 上市金融部门股权年波动率

6.2.3 资本市值 (J_t)

东部区域上市金融部门与上市企业部门权益市值总和等于东部股市的总资本市值。根据东部各上市公司历年年末数据加总可获得上市金融部门和上市企业部门的股本，也即两个部门的资本市值，可作为编制或有权益资产负债表的权益市值，统计结果如表 6 – 3 所示。

表 6-3 东部上市部门资本市值 单位：亿元

年份	上市金融部门	上市企业部门
1998	—	5 441.972
1999	—	6 659.839
2000	9 614.284	9 936.115
2001	10 890.488	8 170.878
2002	11 201.918	9 632.661
2003	14 506.853	11 751.747
2004	11 160.659	9 824.628
2005	14 751.594	9 128.457
2006	24 502.360	18 053.359

数据来源：根据“Wind”公布的东部各上市公司资本市值统计得出。

6.2.4 违约点（DB）

违约点包括上市金融部门和上市企业部门的违约点，通常以短期债务加上一半的长期债务来计算，因此通过统计上市金融部门和上市企业部门的长期债务和短期债务，即得到违约点，见表 6-4。

表 6-4 东部区域上市部门违约点 单位：亿元

年份	上市企业部门	上市金融部门
1998	1 478.695	—
1999	1 687.871	—
2000	1 846.609	56 384.538
2001	2 130.737	66 272.947
2002	2 489.227	77 549.337
2003	2 979.083	93 445.317
2004	3 578.668	109 153.221
2005	4 474.878	141 312.183
2006	5 289.749	160 254.823

数据来源：根据“Wind”公布的东部各上市公司资本市值统计得出。

6.2.5 或有权益资产负债表

将观察到的股权的市场价值 $J(t)$ 及其波动率 σ_J、违约点 DB 和无风险利率代入方程组（6.1）、方程组（6.2）、方程组（6.3）、方程组（6.4），解出资产的市场价值 A 和资产的波动率 σ_A，按照以上步骤，计算出 1998—2006 年东部上市企业部门资产的市场价值，以及 2000—2007 年金融部门资产的市场价值，根据负债的市场价值为资产市值与权益市值之差，计算部门的负债市值。综合可得上市金融部门和上市企业部门的或有权益资产负债表。

表 6－5　或有权益资产负债表　单位：亿元

科目 年份	上市金融部门			上市企业部门		
	资产市值	负债市值	权益市值	资产市值	负债市值	权益市值
1998	—	—	—	6 851.400	1 409.428	5 441.972
1999	—	—	—	8 291.500	1 631.661	6 659.839
2000	64 645.000	55 030.716	9 614.284	11 742.000	1 805.885	9 936.115
2001	70 962.000	60 071.512	10 890.488	10 254.000	2 083.122	8 170.878
2002	82 008.000	70 806.082	11 201.918	12 072.000	2 439.339	9 632.661
2003	100 990.000	86 483.147	14 506.853	14 672.000	2 920.253	11 751.747
2004	115 210.000	104 049.341	11 160.659	13 332.000	3 507.372	9 824.628
2005	145 730.000	130 978.406	14 751.594	13 510.000	4 381.543	9 128.457
2006	180 930.000	156 427.640	24 502.360	23 221.000	5 167.641	18 053.359

6.3 或有权益资产负债表分析

6.3.1 上市金融部门

根据以上编制的或有权益资产负债表，可以看出：东部区域在金融部门资产市值增长的同时，负债市值也在快速增长。在 2001—2004 年，权益市值在总的资产市值中占比是波动下降的，2005 年、2006 年开始回升，资产负债率下降，权益市值占比提高，与基于账面价值的资本结构保持大致相同的趋势，基于市场价值的资本结构逐步合理化，这与近两年中国东部区域上市金融部门的增加、负债结构和治理结构的不断改善有着密切的联系。

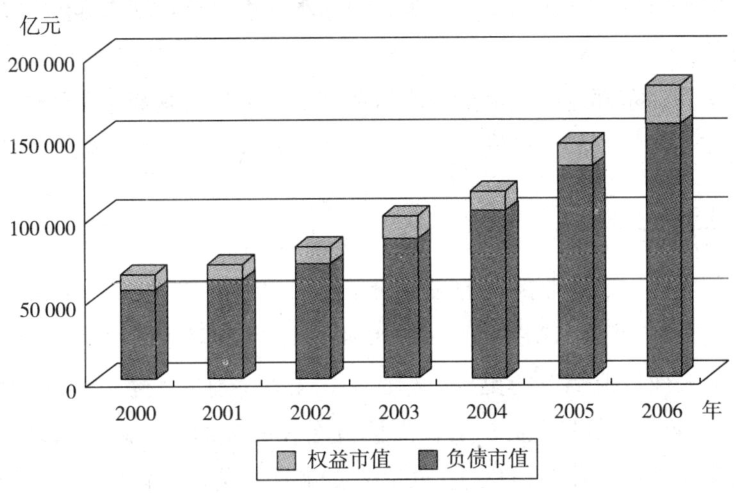

图 6-4　上市金融部门资本结构

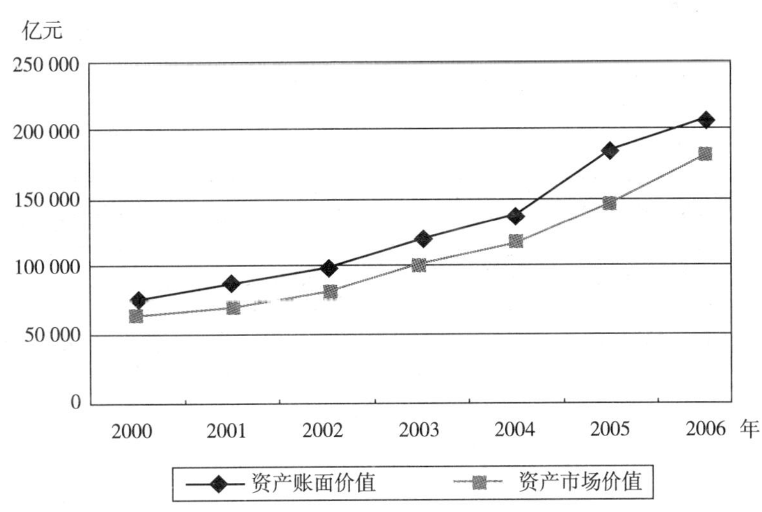

图 6-5　上市金融部门资产价值与账面价值

比较上市金融部门资产账面价值和资产市场价值可以看到，资产账面价值和资产市场价值均呈现上升的趋势。资产账面价值从2000年的7.6万亿元增加到2006年的20.7万亿元，资产市场价值在2000年时为6.5万亿元，持续增长到2006年18.1万亿元。同时，图6-5显示出金融部门的资产市场价值都是低于资产账面价值的，即上市金融部门存在有部分资产不被市场认可，资产市场价值相对资产的账面市值缩水，但缩水并不严重，绝大部分的资产是被市场认可的。

总体来看，东部地区上市金融部门资产市场价值与其资产账面价值变化基本保持比较稳定的格局。可见，市场对金融部门资产的看法比较“理性”。

6.3.2 上市企业部门

从东部区域上市企业部门的账面价值和资产价值在1998—2006年的走势来看，如图6-6所示，在2001年、2004年以及2005年二者均经历了倒退，而且资产的账面价值倒退的更快。相应地，上市企业部门在1998—2000年和2006年的高速成长期时，资产的账面价值增长的亦的快。有一点是可以肯定的，无论是增长还是衰退，东部上市企业的账面价值的变化总是大于资产的市场价值的变化。

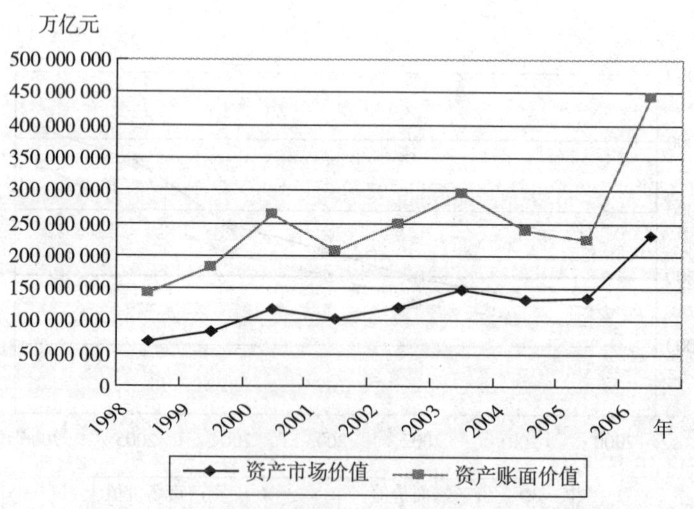

图6-6 上市企业部门资产价值与账面价值

结合东部区域上市企业部门1998—2006年或有权益资产负债表进行分析，

基于市场价值的资本结构是较为合理的，权益市值在总资产市值中占有很高的比例，这与账面价值的分析一致。总体来看，资产账面价值从1998年的5 000多亿元增长到2006年的1.8万亿元，资产市场价值从2000年1.4万亿元上升到4.5万亿元，上市企业部门的资产账面价值和资产市场价值呈现上升的趋势，期间企业部门的资产市值远低于账面价值，可以认为企业的资产市值相对账面价值严重缩水，相当一部分的资产未被市场认可，但中国东部区域企业部门保持着较高的权益占比，出现清偿力风险的可能性比较小。

6.4 基于资产市值泡沫监控的视角——市盈率（市净率）

6.4.1 市盈率和市净率的概念

市盈率指在一个考察期（通常为12个月）内，股票的价格和每股收益的比例。投资者通常利用该比例值估量某股票的投资价值，或者用该指标在不同公司的股票之间进行比较。市盈率通常用来作为比较不同价格的股票是否被高估或者低估的指标。然而，用市盈率衡量一家公司股票的质地时，并非总是准确的。一般认为，如果一家公司股票的市盈率过高，那么该股票的价格具有泡沫，价值被高估。然而，当一家公司增长迅速以及未来的业绩增长非常看好时，股票目前的高市盈率可能恰好准确地估量了该公司的价值。需要注意的是，利用市盈率比较不同股票的投资价值时，这些股票必须属于同一个行业，此时公司的每股收益比较接近，相互比较才有效。市盈率把股价和利润联系起来，反映了企业的近期表现。如果股价上升，但利润没有变化，甚至下降，则市盈率将会上升。

市净率是每股市价与每股净资产的比值。股票净值即公司资本金、资本公积金、资本公益金、法定公积金、任意公积金、未分配盈余等项目的合计，它代表全体股东共同享有的权益，也称净资产。净资产的多少是由股份公司经营状况决定的，股份公司的经营业绩越好，其资产增值越快，股票净值就越高，因此股东所拥有的权益也越多。所以，股票净值是决定股票市场价格走向的主要根据。上市公司的每股内含净资产值高而每股市价不高的股票，即市净率越低的股票，其投资价值越高。相反，其投资价值就越小。

表 6 - 6 东部地区上市公司 2005—2008 年市净率变化 单位：%

年份	2005	2006	2007	2008
东部整体市净率	1. 7184518885	3. 5151542266	11. 142032284	2. 9322108813
东部企业部门市净率	2. 113981535	4. 0947015873	11. 9205857	2. 9890402033
东部银行业市净率	2. 612275	6. 55975	10. 429061538	2. 0366923077

数据来源：根据 Wind 上市公司资料整理计算，2005. 12—2008. 6。

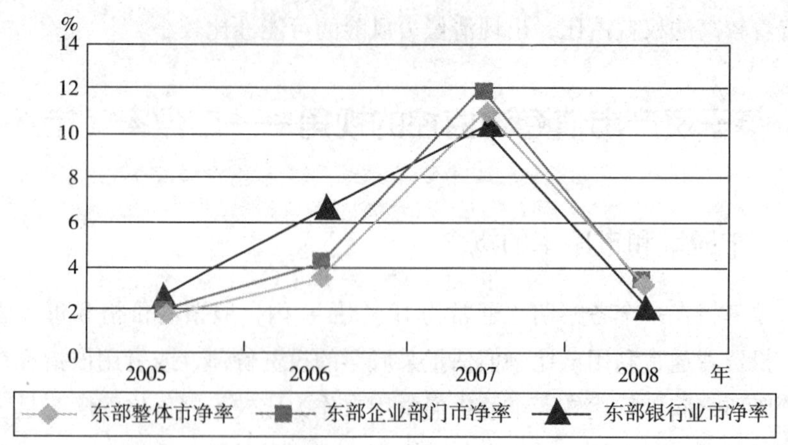

图 6 - 7 东部上市公司市净率波动表

表 6 - 7 东部地区上市公司市盈率变化 单位：%

年份	2005	2006	2007	2008
东部整体市盈率	45. 16	61. 06	74. 67	37. 36
东部企业部门市盈率	55. 78	71. 56	79. 95	38. 23
东部银行业市盈率	18. 88	44. 42	65. 17	14. 08

数据来源：根据 Wind 股市资料整理，2007. 12—2008. 6。

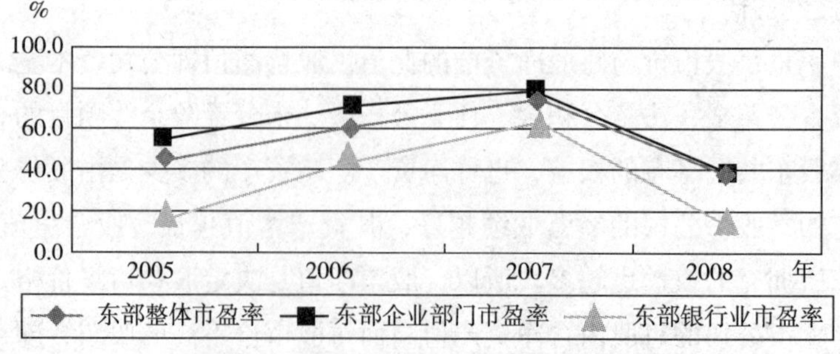

图 6 - 8 东部上市公司市盈率波动图

6.4.2 市盈率和市净率分析

一般来说，市盈率水平为：0~13，即价值被低估；14~20，即正常水平；21~28，即价值被高估；28+，反映股市出现投机性泡沫；市净率水平在1.5~3比较正常。在此，我们引入市盈率和市净率的概念不是为了研究投资，而是作为监控上市公司的资产价格泡沫的参考指标，市盈率和市净率的大幅波动在一定程度上反映了上市公司的资产状况和市场环境。由于在以股权为质押的商业银行贷款中，上市公司的净资产和市值常常成为取得贷款的重要参考指标，而上市公司的市盈率和市净率简单易得，在一定程度上能够反映股市的活动变化和股价泡沫。

从图中我们可以清楚看出，在2005—2007年，东部上市公司的平均市净率（以下皆指平均值）从开始的2倍左右，在2年的时间里攀升到10倍以上，2005—2006年企业的市净率变化相对还是比较平稳的，而金融机构的市净率几乎呈45°上升，2006—2007年企业的市净率在牛市的带动下也一路攀升，两者在2007年达到了一个峰值，企业资产被严重高估，接下来的2008年，股市一路快速下滑基本回到了2005年的水平；同样，企业的平均市盈率从55倍攀升到79倍，而银行业的平均市盈率从不足19倍，一路攀升到2007年的65倍，反映了在2005年开始启动的2006—2007年大牛市，资产价格被严重高估，泡沫化严重，如此剧烈的资本市场波动，必然打击投资者的投资热情，不仅不利于资本市场的发展，也带来了严重的金融风险。

7　中国东部金融风险实证研究

——风险指标法

利用前面得到的资产市场价值和无风险利率等相关信息，可以得到一系列基准风险指标，从而在总体上反映宏观金融风险并对由这种风险所产生的潜在危机进行有效的预警，为政府对宏观经济进行有力监管提供理论支持。

7.1　风险指标的选取与计算

风险表中主要风险指标包括资产波动率（σ_A）、违约距离（Default Distance，DD）、违约概率（Default Probability，DP）、信用溢价（Credit Spread，CS），求解模型分别如下。

1. 资产波动率（σ_A）

可由方程组（6.3）直接求出，一般情况下波动率越大，风险越大。

2. 违约距离（DD）

$$DD = (A - DB)/(A\sigma_A) \tag{7.1}$$

违约距离越小，风险越大。

3. 违约概率（DP）

$$DP = N(-d_2) = 1 - N(d_2) = 1 - N\left[\frac{\ln(A/DB) + (r - \sigma_A{}^2/2)(T-t)}{\sigma_A\sqrt{T-t}}\right] \tag{7.2}$$

4. 信用溢价（CS）

信用溢价反映了市场参与者对该信用发行人的违约率以及违约条件下的回收率的评估，即信用风险的风险贴水。根据无套利原理，在一系列假设的基础上，莫顿类结构化模型内生性地推导出违约回收率，并进而给出了信用溢价的计算公式。部门的持有期到期收益率（y）可简单地表示为

$$y = -\ln(MD/DB)/(T-t) \tag{7.3}$$

负债的市场价值 = 资产市值 - 权益价值，即

$$MD = A - E = A - C = AN(-d_1) + DBe^{-r(T-t)}N(d_2) \quad (7.4)$$

由此得到信用溢价求解公式：

$$CS = y - r = -\frac{ln(MD/DB)}{T-t} - r$$

$$= -\ln[N(d_2) + (A/(DBe^{-r(T-t)})) \times N(-d_1)]/(T-t) \quad (7.5)$$

根据以上风险指标的求解模型，输入各已知变量，运用 Matlab 求解即得出东部区域上市金融部门和上市企业部门的风险指标，整理即可得两部门的风险表，如表 7 - 1 所示。

表 7 - 1　　金融部门和企业部门的风险表

部门	风险指标	1998 年	1999 年	2000 年	2001 年	2002 年	2003 年	2004 年	2005 年	2006 年
上市金融部门	σ_A	—	—	0. 0935	0. 0370	0. 0339	0. 0387	0. 0337	0. 0274	0. 0745
	DD	—	—	1. 3671	1. 7850	1. 6017	1. 9295	1. 5584	1. 1041	1. 5331
	DP	—	—	0. 0488	0. 0074	0. 0130	0. 0063	0. 0144	0. 0270	0. 0283
	CS	—	—	0. 0970	0. 0148	0. 0260	0. 0125	0. 0288	0. 0540	0. 0563
上市企业部门	σ_A	0. 1493	0. 1373	0. 1269	0. 1402	0. 1660	0. 1354	0. 1231	0. 1358	0. 1633
	DD	5. 2516	5. 8013	6. 6392	5. 6490	4. 7829	5. 8876	5. 9444	4. 9232	4. 7296
	DP	0. 0000	0. 0000	0. 0000	0. 0000	0. 0000	0. 0000	0. 0000	0. 0000	0. 0000
	CS	0. 0000	0. 0000	0. 0000	0. 0000	0. 0000	0. 0000	0. 0000	0. 0000	0. 0000

7. 2　基于风险指标的金融风险测度

7. 2. 1　上市金融部门

结合风险表中的各指标值可进一步判断部门的风险情况。一般而言，资产市值波动率越大，违约距离越小，信用溢价越高，相应存在的风险就越显著。由图 7 - 1 和图 7 - 2 可看出东部上市金融部门在 2000 年、2006 年面临风险较大，资产波动率较高，违约概率也显著高于其他年份。

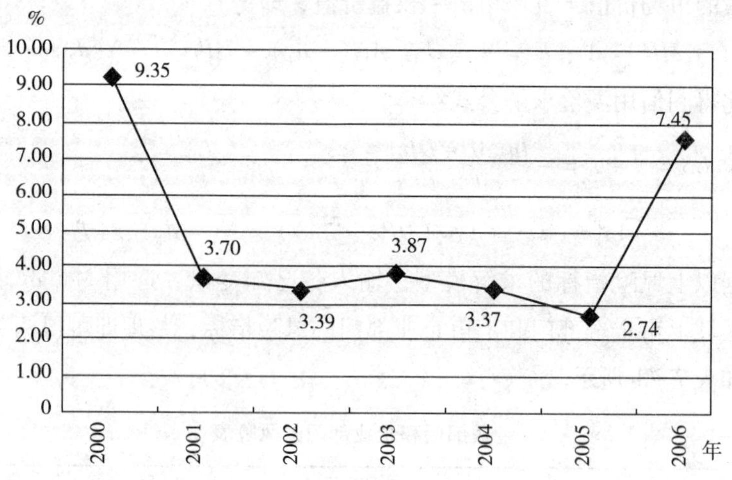

图 7－1 东部区域上市金融部门资产市值波动率

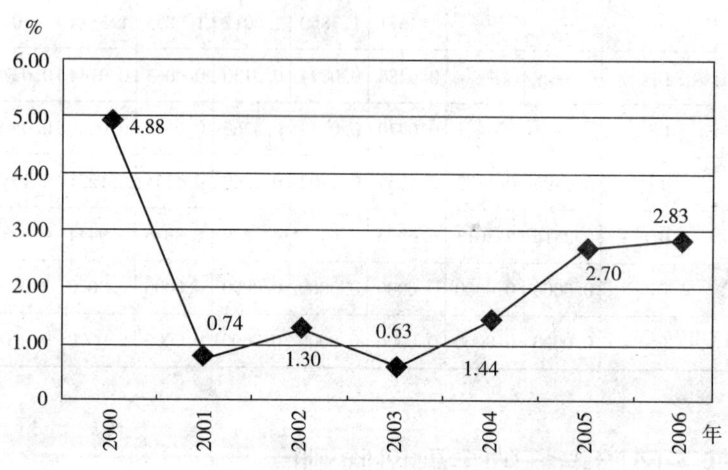

图 7－2 东部区域上市金融部门违约概率

一般而言，对于经济运行安全的部门的违约概率应近似等于零。对于上市金融部门尽管资产波动率不大，但违约距离处于较低的水平，违约概率显著大于零，而且从 2003 年到 2005 年呈显著上升的趋势，违约概率增加了 2 个百分点以上，相应的信用溢价也在上升，由此可判断出近年来东部金融部门的违约风险呈潜在上升趋势。

7.2.2 上市企业部门

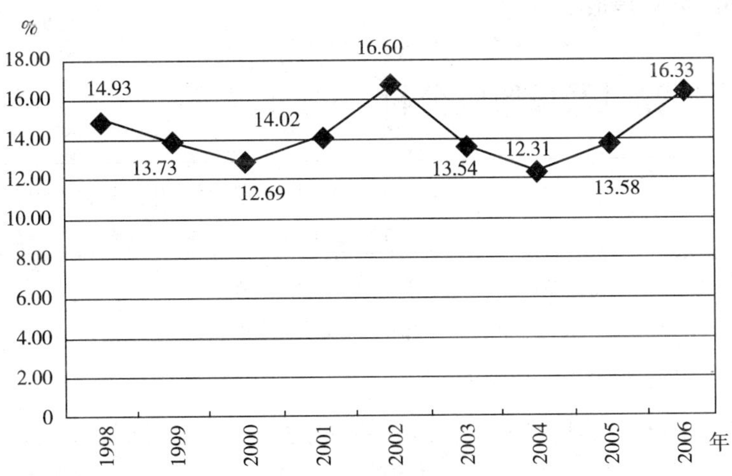

图 7－3 上市企业部门资产市值波动率

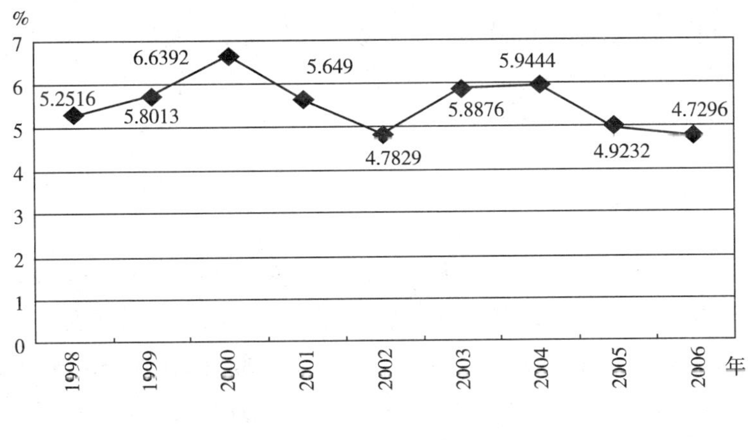

图 7－4 上市企业部门违约概率

从企业部门资产波动率趋势图看，上市企业部门的波动率没有明显的趋势，在 0. 12 ~ 0. 17 震荡，而违约距离亦未出现明显的变化趋势，在 4. 5 ~ 7 波动。值得注意的是，违约距离的图形和资产价值波动率图形之间的对称性比较明显，由此我们可以推断，资产市值波动率是影响违约距离的主要因素。

从 1998—2006 年九年的趋势来看，整个东部企业的经济情况是比较稳定的，尽管相对金融部门来讲企业部门的资产市值波动率较高，但资产市值波动率和违约距离波动幅度都很小，违约概率和信用溢价近似为0，可见东部企业部门的违约风险是很小的。

7.3 压力测试及敏感性分析

当风险诱因发生极端不利变化时，金融机构或投资组合资产价值是如何变化的呢？此时 VaR 测算方法所依赖的假定和参数发生巨大变化，而导致方法估计的结果出现极大误差。当风险诱因发生一个微小变动时，又会有怎样的结果发生呢？当外部经济条件发生变化时，各部门的或有权益资产负债表和风险指标值将可能发生变化，风险管理将提供一种鉴别和量化资产或机构投资组合变化效应的手段，处理极端价格变动影响最适当的风险度量方法是压力测试，而当判断微小变动带来的变化效应时采用敏感性分析。压力测试的本质思想是获取最大的价格变动或综合价格变动的信息，并将其应用到资产或投资组合中，以确定在极端情况下判断可能导致的潜在收益或损失。压力测试与敏感性分析就是分析利率、汇率和国际资本流动中一个或多个变量的变动对或有权益资产负债表指标与风险表指标的影响。本节主要针对当利率变动时采用压力测试和敏感性分析来判断其对金融部门和企业部门的影响。

7.3.1 上市金融部门

上市金融部门压力测试以 2006 年现实利率以及相应指标为基础，通过上下调节利率使其变动，对东部金融部门进行压力测试。结果如表 7-2 所示，可以观察到，若无风险利率由 0.0438 上调到 0.1000 时，资产市场价值下降，因为权益市值不变，负债市值相对亦下降，同时资产波动率上升，违约概率、违约距离、信用溢价均下降。反之，若利率下调至 0.0100 时，除违约概率和信用溢价减少较小的幅度外，其他指标均朝利率上调时的相反方向变化。但无论上调利率还是下调利率，对各指标的影响均不是很大。因此，从利率变化引起市场的波动来看，东部金融部门对利率变化反应不强烈，抵抗利率变化能力较强。

表 7－2　　上市金融部门利率压力测试

指标＼情景		情景 1 现实利率 0. 0235	情景 2 利率上调至 0. 1000	情景 3 利率下调至 0. 0100
或有权益	资产市值（亿元）	180 930. 000	169 470. 000	183 090. 000
	负债市值（亿元）	156 427. 640	144 967. 640	158 587. 640
	权益市值（亿元）	24 502. 360	24 502. 360	24 502. 360
风险指标	资产波动率	0. 0745	0. 0795	0. 0737
	违约距离	1. 5331	0. 6840	1. 6934
	违约概率	0. 0283	0. 0273	0. 0282
	信用溢价	0. 0563	0. 0542	0. 0561

上市金融部门利率敏感度的测试基于利率微调。同样，基于 2006 年现实利率 0. 0235，将其下调至 0. 0200，测试结果显示，当利率利率下调 0. 35 个百分点，对或有权益资产负债表以及风险指标带来的变化很小，资产波动率下降 0. 02 个百分点，违约距离增加 0. 0416，而违约概率没有任何变动，所有这些变动均很小，金融部门对利率的变动较不敏感。

表 7－3　　上市金融部门利率敏感性分析

指标＼情景		情景 1 现实利率 0. 0235	情景 2 利率下调至 0. 0200
或有权益	资产市值（亿元）	180 930. 000	181 490. 000
	负债市值（亿元）	156 427. 640	156 987. 640
	权益市值（亿元）	24 502. 360	24 502. 360
风险指标	资产波动率	0. 0745	0. 0743
	违约距离	1. 5331	1. 5747
	违约概率	0. 0283	0. 0283
	信用溢价	0. 0563	0. 0562

7. 3. 2　上市企业部门

对于上市企业部门的压力测试和敏感度分析同样基于上市企业在 2006 年的现实利率及或有权益资产负债表和各风险指标，从违约距离来看，利率调高时违约距离变小，利率调低时违约距离变大，但是变动的幅度很小。相对金融部门来讲，当利率上调至 0. 1000 或下调至 0. 0100 时，企业部门的资产市值、负债市值、违约距离和违约概率的变化更为不显著，而违约概率和信用溢价几乎没有变化，依然可近似等于零。同样，表7－3敏感度分析的结果表明上市企业部门随利率的变动带来各指标的变化很小，违约概率和信用溢价的变化亦难以观察到。可见，企业部门对利率的变化不敏感，比金融部门更能抵抗利率变化冲击带来的压力。

表7－4 东部企业部门利率压力测试

指标 \ 情景		情景1 现实利率0.0235	情景2 利率上调至0.1000	情景3 利率下调至0.0100
或有权益	资产市值（亿元）	23 221.000	22 837.000	23 289.000
	负债市值（亿元）	5 167.641	4 783.641	5 235.641
	权益市值（亿元）	18 053.359	18 053.359	18 053.359
风险指标	资产波动率	0.1633	0.166	0.1628
	违约距离	4.7296	4.6288	4.7478
	违约概率	0.0000	0.0000	0.0000
	信用溢价	0.0000	0.0000	0.0000

表7－5 东部企业部门利率敏感性分析

指标 \ 情景		情景1 现实利率0.0235	情景2 利率下调至0.0200
或有权益	资产市值（亿元）	23 221.000	23 239.000
	负债市值（亿元）	5 167.641	5 185.641
	权益市值（亿元）	18 053.359	18 053.359
风险指标	资产波动率	0.1633	0.1631
	违约距离	4.7296	4.7344
	违约概率	0.0000	0.0000
	信用溢价	0.0000	0.0000

通过压力测试和敏感性分析，我们可以看到，东部上市金融部门和上市企业部门对于利率变化带来的冲击具有很高的抵抗力，利率的变化不会带来无法抵御的大幅度风险的增加，从这一方面来看，东部金融部门和企业部门经济金融运行较为安全。

8 中国东部区域金融风险比较分析

在前面三章中，我们用资产负债表法、或有权益法和风险指标法分析了东部金融部门和企业部门的整体金融风险情况，然而仅仅对东部整体的金融风险进行实证考察是不够的。正如导论中所提到的，由于中国客观存在地区间经济发展水平、财政和金融资源发展不均衡等问题，即使在经济发展水平整体较高的东部内的不同地区，金融风险也存在明显的差异。这一章按照不同的划分标准对东部地区的内部风险差异进行比较分析：8.1 以省域为划分标准，分别比较东部各地区之间金融部门和企业部门的金融风险状况；8.2 以行业为划分标准，比较东部主体行业之间的金融风险。

8.1 中国东部省域金融风险比较分析

这一节以省域作为划分标准，根据资产负债表方法比较东部个别地区内部的金融风险差异。由于金融部门和企业部门在行业性质上存在着相当大的差异，因此在这一节中仍然对这两个部门分别进行分析。对每个部门的风险描述都是从资产、资产负债率和流动比率三个方面来进行，分析和比较东部各地区金融和企业部门存在的结构错配风险和期限错配风险的可能性的大小。

8.1.1 东部各省份金融部门风险比较

东部是中国经济高度发达的地区，经济的发达带动了金融部门的快速发展，总体来说，金融部门发达程度远高于全国平均水平，但东部地区内不同省份还是存在着很大的差异。首先，就各省份金融部门资产在东部总资产的份额来讲，2000 年，广东居首位，资产占有份额 20.13%；其他排在前列的依次为辽宁 16.25%、河北 11.68%、上海 10.09%、北京 8.91%；占有份额最少的省份是海南，只有 0.87%，再就是广西 2.24%。经过 5 年的发展，广东资产份额尽管下降到了 17.49%，但仍居首位，其他排在前列的省份依次是上海

12.54%、江苏12.46%、北京12.22%、浙江12.07%，占比最低的仍然是广西2.42%、海南0.64%。一方面金融部门的资产份额在一定程度上可以反映该地区金融发达程度，另一方面其也可以反映金融机构的离散水平。离散程度越高，金融机构的垄断性越强，企业融资对金融机构的依赖度越高，金融机构本身的经营成本也越高、风险越集中。下面，以广西和上海为例说明经济发展与金融风险的关系：经济发展离不开金融活动，良好的经济环境和发达的经济水平在一定程度上可以促进金融业的繁荣和稳定。

一、上海与广西的金融在GDP中的地位

广西金融业在经济总量中的份额一直偏低，由于资金总量、金融机构和新型金融工具的短缺，广西的金融市场发展、金融主体发展和金融资源配置产生了一系列的非均衡。以银行类金融机构为例，截至2007年底，除国有商业银行之外，国内股份制银行只有浦发银行和新进的华夏银行在区内开设分支机构，没有一家民营和外资银行的分支机构；银行业资产总额0.67万亿元，同比增长18%，其中，各项存款总额0.58万亿元，同比增长15.3%，与13.5%的GDP增长率基本相适应，但是考虑到人口、区域等因素，和上海相比绝对额明显偏小，上海同期银行类金融分支机构多达200多家，银行业金融机构2007年本外币资产总额达到5.2万亿元，同比增长19.14%，其中，各项存款余额3.03万亿元，同比增长14.9%，全市GDP增长12.2%。广西和上海金融业比较差距明显。

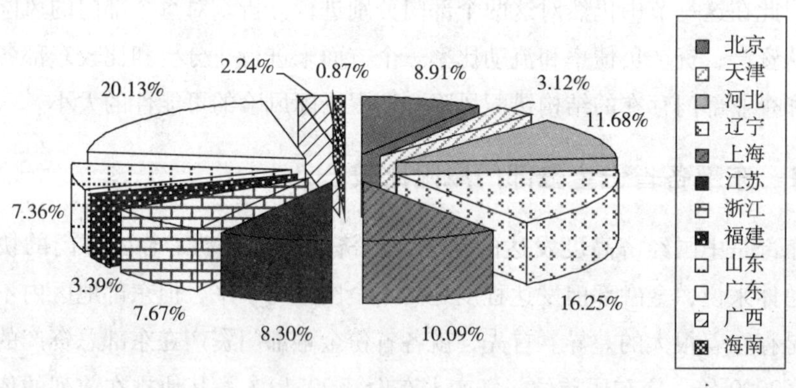

数据来源：根据中国人民银行《中国区域金融运行报告》（2000—2006）整理计算。

图8-1　2000年东部各省份金融部门资产份额

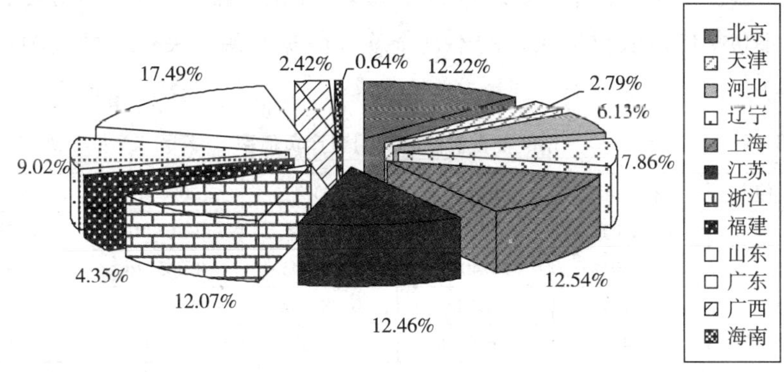

数据来源：根据中国人民银行《中国区域金融运行报告》（2000—2006）整理计算。

图 8-2 2006 年东部各省份金融部门资产份额

二、广西与上海的金融机构资产负债率分析

在 2003 年、2004 年，广西连续两年出现了资产负债率大于 1，即资不抵债的情况，自 2005 年这一比例开始下降到 1 以下，但是在东部地区仍然处在高水平。相对而言，上海金融部门的风险控制较好，从 2003 年到 2007 年资产负债率整体趋势不断下降，2007 年低于 0.6，达到东部地区最低水平。但鉴于金融部门的特殊性，信贷质量很大程度上依赖于借贷机构的信誉，存在严重偏高的资产负债率情况下，市场波动会给金融部门带来经营风险（流动性和清偿力风险）。

广西资本市场发展速度缓慢，货币市场成为大多数企业融资的主要渠道；由于广西整体经济发展水平较低，规模大、质量高的企业少，很难借助资本市场融资。在证券市场上，广西上市公司数量少，总体规模小，上市企业的数量明显低于全国平均水平。截至 2007 年底，广西的上市公司只有 25 家，上市公司的数量仅占全国 1.7%。中资银行不良贷款率为 8.4%（以上数据来源：根据央行区域金融运行报告 2005—2007 年整理，不含广西农村信用社不良贷款率），由于国有金融机构的垄断，金融市场缺乏有效的竞争机制，又没有一个统一的资金运作平台（地区产权交易市场等）来聚集分配金融资源，企业融资严重依赖金融机构，风险向金融机构过度集中。

与广西情况相反，上海作为中国经济、金融、贸易和航运中心，金融业发达，融资渠道多，直接融资数量大，金融风险的监控与防范也比较好。截至 2007 年底，上海有上市公司 148 家，上市公司的数量占全国的 10.1%，是广

西的5倍多。中资银行不良贷款率为2.56%，比广西低5.84个百分点，这个比例还不包括广西农村信用社的不良贷款（数据来源：央行区域金融运行报告2007）。

表8-1　　东部各省份金融部门资产负债率　　单位：%

资产负债率	2003年	2004年	2005年	2006年	2007年
北京	0.781827	0.793445	0.76708	0.762291	0.731
天津	0.703044	0.74074	0.808445	0.845076	0.80702
河北	0.881149	0.895488	0.883153	0.89614	0.889959
辽宁	0.634561	0.650758	0.841527	0.838016	0.81936
上海	0.873239	0.888627	0.776516	0.73102	0.582654
江苏	0.946043	0.925533	0.876958	0.932603	0.848291
浙江	0.877464	0.883574	0.881145	0.881986	0.8562
福建	0.795457	0.790573	0.737489	0.762583	0.680401
山东	0.868793	0.904448	0.860349	0.856231	0.842742
广东	0.875585	0.882777	0.896592	0.86851	0.804982
广西	1.019701	1.05832	0.88867	0.888667	0.870929
海南	1.028915	0.99468	1.082911	0.852623	0.829863

数据来源：根据东部各省金融部门资产负债表计算得出。

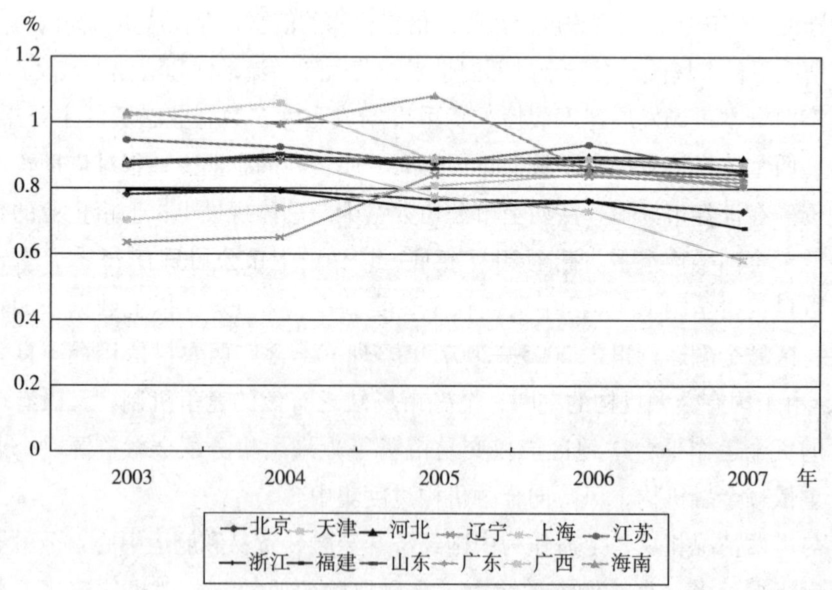

图8-3　东部金融部门资产负债率横向比较

三、广西与上海的金融部门的流动比率分析

据表 8－2，从 2000 年以来，广西和上海的流动比率都呈逐渐下降趋势，广西除 2000 年好于上海外，其他年份都低于上海，而且这一比率在逐步拉大，这说明随着经济的高速发展，广西金融业的流动资产比例明显不如上海。广西 2006 年流动比率跌到了 0.5 以下，流动资金缺口大，期限错配风险明显。

表 8－2　　东部各省份金融部门流动比率

流动比率	2000 年	2001 年	2002 年	2003 年	2004 年	2005 年	2006 年
北京	0.5893	0.5719	0.5899	0.6805	0.5981	0.5815	0.5161
天津	0.9839	1.0153	1.0053	1.1095	0.9732	0.9174	0.8329
河北	1.0396	0.9313	0.9249	0.7453	0.6261	0.8310	0.8237
辽宁	2.2443	2.2443	2.2443	2.2443	1.8979	1.6203	1.5115
上海	0.8225	0.8051	0.7969	0.8797	0.7844	0.7913	0.6764
江苏	1.2910	0.8844	0.7694	1.3624	1.1744	1.2463	1.2367
浙江	1.0185	1.0193	1.0186	1.0197	1.0296	1.0290	1.0294
福建	1.1741	0.9190	0.8868	0.8272	0.7830	0.7322	0.7344
山东	1.8132	1.7608	1.7454	1.8058	1.7471	1.6138	1.6133
广东	0.8186	0.7609	0.7186	0.6947	0.6083	0.5256	0.4623
广西	0.8469	0.8043	0.7685	0.7002	0.5877	0.5209	0.4725
海南	0.8099	0.8475	0.6189	0.5406	0.4423	0.4274	0.3027

数据来源：根据东部各省金融部门资产负债表计算得出。

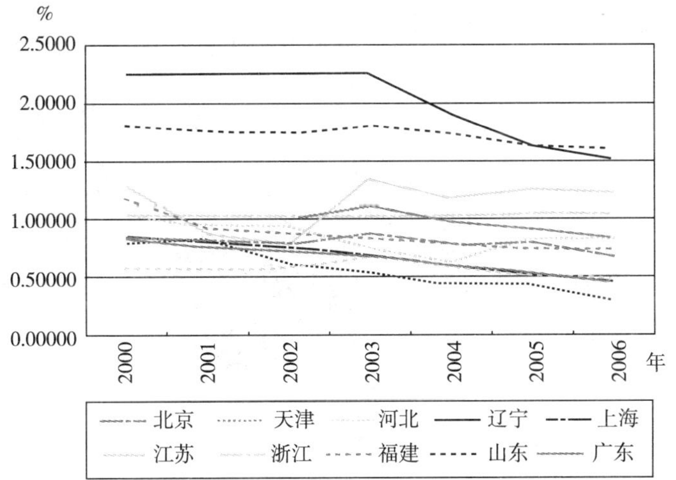

图 8－4　东部金融部门流动比率横向比较

我们从整体上简要分析东部各省之间的金融风险情况。首先，从资产负债率来看，除广西、海南有两个年份出现了银行业资不抵债的情况外（资产负债率 >1），其他省区整体上都是资产大于负债，而且资产负债率的变化也相对稳定，考虑到银行业自身负债经营的特点，不大可能出现清偿力风险。其次，从流动比率来看，辽宁、江苏、浙江、山东的流动比率较高，尤其是辽宁有 4 年流动比率连续在 2% 以上，过高的流动比率与辽宁老工业基地产业调整过程中银行业基于风险考虑放缓贷款有关［2002 年、2003 年、2004 年存款余额分别为 7 880.1 亿元、9 392.25 亿元、10 734 亿元，2003 年、2004 年分别较 2002 年、2003 年增长 16.1%、12.5%；2002 年、2003 年、2004 年贷款余额分别为 6 213.62 亿元、7 362.16 亿元、8 153 亿元，2003 年、2004 年分别较 2002 年、2003 年增长 15.6%、9.7%。（数据来源：央行区域金融运行报告 2004）］，而存款增加导致存贷绝对差相对增长，出现相对的期限错配和结构错配。这一过高的比例，实际上造成了资金的闲置，也增加了金融机构的利息压力，影响银行业的盈利能力，增加了经营风险。而北京、上海、广东、广西、海南五省份长期以来的流动比率都低于 1%，因为总资产中长期资产占据主要地位，而总负债中短期负债又占有相对较高的比例，尤其是海南的流动比率在 2006 年接近 3%，期限错配和结构问题突出，增加了流动性风险。

8.1.2 东部各省份企业部门风险比较

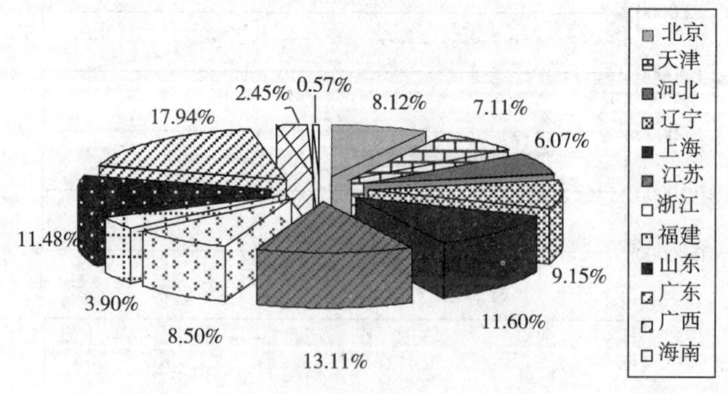

图 8－5 1998 年东部各省市资产份额

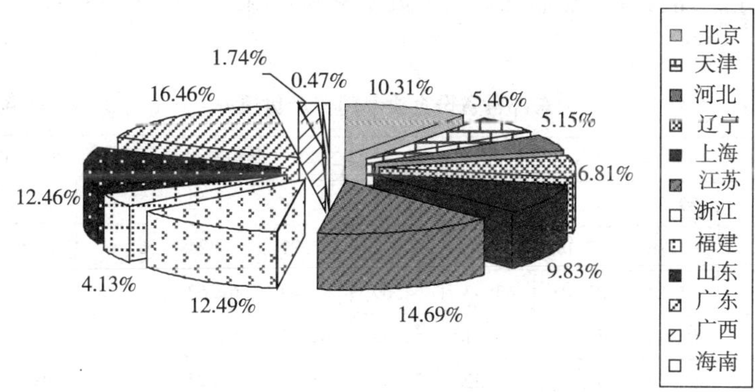

图 8－6 2006 年东部各省份资产份额

由于资源禀赋和发展基础的不同，东部各省的企业之间也存在着较大差异。鉴于相关数据收集十分困难，我们先用长三角、珠三角两大都市圈的数据进行简单比较。即使两个最发达的经济圈，企业结构也存在着差异。2006 年，长三角、珠三角经济圈分别实现地区生产总值 4 万亿元和 2. 1 万亿元，占全国 GDP 的比重分别为 19% 和 10%。在各项经济指标中，长三角经济圈处于领先地位，实际利用外资总额占全国的一半以上。从经济增长率看，珠三角发展最快，达到 16. 1%。长三角经济圈以重化工业和高新技术为主；珠三角以重化工业、高新技术和高级服务业为主，形成了电子信息产品和电器产品产业群。从表面上看，两大经济圈的结构基本相似，但是经济实力存在明显差距。

接下来我们再以省为单位分析一下各省的企业资产状况。

首先，从资产负债表角度对比各省企业的资产差异。从企业在东部资产总额中的份额来看，1998 年，广东省资产份额最高，为 17. 94%；江苏 13. 11%、上海 11. 60%、山东 11. 48%……广西 2. 45%；海南企业资产份额最低，只有 0. 57%。经过 9 年的发展，到 2006 年，广东在东部地区企业资产占比虽略有降低，但仍居于首位，为 16. 46%；浙江 14. 69%、江苏 12. 49%、山东 12. 46%；海南企业资产份额依然最低，并进一步下降到 0. 47%。广东省企业持续稳定地发展使其在东部具有绝对的优势地位；浙江从 1998 年的第 6 位提高到第 2 位，企业布局差异明显。

其次，从东部企业的资产负债率来看（见表 8－3），除福建在 1998 年出现较低的资产负债率，为 29. 21%，其他年份大部分省份处于 50% ~70%，相对比较稳定，而且资产总额一直大于负债总额，因此个别省份基本不会出现清偿力风险。

表 8-3　　东部各省份企业部门资产负债率　　单位：%

资产负债率	1998 年	1999 年	2000 年	2001 年	2002 年	2003 年	2004 年	2005 年	2006 年
北京	59.82	68.10	64.38	61.87	62.44	66.23	47.68	50.37	52.23
天津	69.36	67.19	65.96	64.02	62.97	63.24	61.67	63.68	62.98
河北	65.24	63.10	63.93	64.69	63.47	62.62	63.25	62.24	61.93
辽宁	50.49	63.14	63.41	61.53	66.31	54.87	61.45	60.74	59.51
上海	58.14	57.11	54.32	51.07	53.85	54.15	55.40	56.09	55.89
江苏	65.60	64.94	64.26	62.54	67.87	63.51	63.85	62.96	61.80
浙江	61.53	60.90	60.01	57.92	58.10	59.86	60.26	61.38	62.15
福建	29.21	60.78	60.37	58.90	57.88	56.50	51.93	54.89	55.58
山东	66.99	66.42	65.68	63.21	62.33	61.63	60.74	60.40	59.80
广东	65.48	62.62	61.29	59.82	59.15	59.49	60.76	60.35	59.12
广西	70.17	69.79	67.96	61.93	64.31	64.93	64.47	62.06	61.72
海南	73.88	71.12	68.15	60.58	54.93	54.82	58.66	56.60	60.71

数据来源：根据东部各省编制的企业部门资产负债表计算得出。

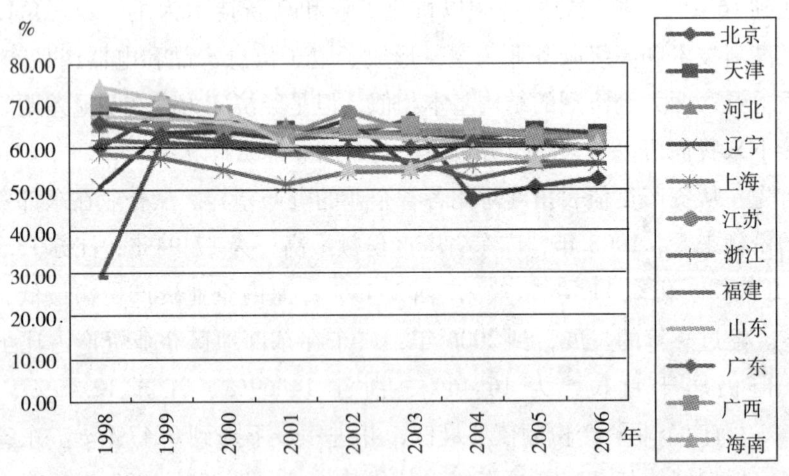

图 8-7　东部各省份企业资产负债率折线图（1998—2006 年）

最后，我们再来考察一下东部企业的资产流动比率（见表8-4）。整体看东部企业流动比率基本在0.9~1.2，波动幅度和差异不大。由于行业分布差异，在各省之间这个差异相对是合理的范围，而且从整体看都趋向于1，合理性明显有所提高。尽管河北的流动比率一直小于1，但是表现相对稳定，可能与河北、天津的重化工业有关，特别是与河北的钢铁比重较大有关。因此，我们认为东部的企业部门基本不存在期限错配，即使有点错配情况，风险也不大。

表8-4　东部企业资产流动比率　单位：%

流动比率	1998年	1999年	2000年	2001年	2002年	2003年	2004年	2005年	2006年
辽宁	1.48	0.94	0.97	0.97	0.88	0.99	0.99	1.03	1.07
河北	0.94	0.95	0.86	0.94	0.94	0.96	0.94	0.95	0.94
天津	0.94	0.95	0.95	0.95	0.93	0.96	0.99	0.96	0.95
北京	1.31	1.09	1.12	1.14	1.18	1.19	1.15	1.12	1.1
山东	0.94	0.94	0.97	0.99	0.99	0.99	0.78	0.91	1.01
江苏	0.99	1	1.04	1.04	1.05	1.02	0.99	1.04	1.09
上海	1.07	1.1	1.16	1.2	1.22	1.22	1.22	1.22	1.23
浙江	1.04	1.04	1.1	1.12	1.14	1.16	1.09	1.2	1.09
福建	1.06	1.02	1.08	1.12	1.17	1.17	1.3	1.21	1.2
广东	0.99	1.03	1.05	1.09	1.11	1.14	1.05	1.14	1.16
广西	0.85	0.8	0.88	0.9	0.91	0.93	0.97	0.97	1.01
海南	0.9	0.87	0.97	1.06	1.15	1.22	1.11	1.24	1.25

数据来源：根据东部各省资产负债表数据计算得出。

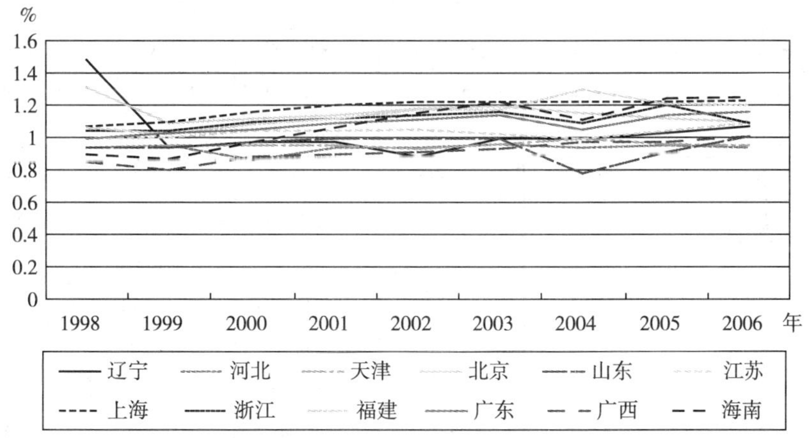

图8-8　东部企业资产流动比率折线图

8.2 中国东部主体行业金融风险分析

在上一节中，我们已经分省域对东部各地区的金融风险状况进行了分析，这一节还是利用资产负债表方法，仍然从资产、资产负债率和流动比率三个方面，对东部主体行业的金融风险进行比较分析。东部主要行业包括工业、建筑业、国内贸易业和房地产业，这一节首先在这四个行业内部对东部各地区在同行业内的金融风险状况进行比较，然后分析主体行业之间的金融风险差异，以行业为划分标准研究东部的金融风险情况。

8.2.1 工业

一、东部各地区工业企业资产情况

某行业资产占全部资产份额越大，一方面说明这些地方的这个行业越发达，另一方面也表明当外部冲击来临时，这些行业遭受损失的几率就越大，因此相关决策部门应当重点关注和防范该行业的金融风险。表 8 -5 是东部各地区工业企业的总资产状况。

表 8 -5　　东部各省份工业企业资产状况　　单位：亿元

工业企业总资产	2002 年	2003 年	2004 年	2005 年	2006 年
北京	4 743	5 177.98	6 082.44	12 829.79	14 244.4
天津	4 383	4 626.67	5 113.82	6 347.92	7 129.02
河北	5 985	6 975.54	7 836.16	9 473.7	11 250.95
辽宁	8 818	9 180	10 167.83	11 902.12	14 140.89
上海	10 100	11 609	13 684.78	15 905.94	17 926.1
江苏	13 270	16 309	20 227.3	25 488.86	30 500.98
浙江	9 638	12 527	15 222.05	20 609.3	24 895.59
福建	4 059	4 902	5 815.9	6 841.37	8 168.75
山东	11 904	14 461	17 620.36	22 131.24	26 475.35
广东	16 584	19 126	21 798.11	27 076.08	33 869.53
广西	2 031	2 190	2 502.82	3 009.98	3 504.89
海南	436	455	477.24	791.28	961.15

数据来源：根据各省市统计年鉴（2002—2006）整理计算。

为了更直观地描述出从 2002 年到 2006 年东部各地区工业资产变化的趋势，下面给出五年间各地区工业资产的曲线图。

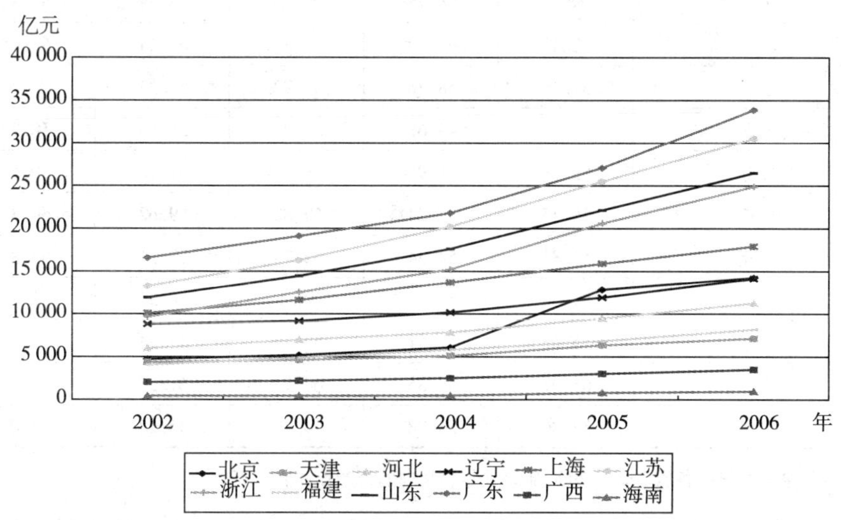

图 8－9 东部各省份工业企业资产状况曲线图

由图 8－9 可以看出，东部各省的工业企业资产从 2002 年到 2006 年的五年间都有一个稳定的增长。其中，广东和江苏工业资产所占份额最大，并且增长迅速，5 年间均增长了一倍以上。广西、海南工业企业资产份额最小，且增长趋势不明显，显示出这些地方工业不发达。值得关注的是，从 2004 年到 2005 年，大部分地区的工业资产都出现了跳跃性的增长，尤其是北京，一年间工业企业资产增长了一倍以上，这是因为实行新的会计准则，调整了企业资产价值的计算方法引起的，而不是纯粹的资产膨胀。

二、东部各地区的工业企业资产负债率

由于资产负债率是负债和资产的比率，适当的资产负债比例有利于企业的经营和发展，但是过高的负债容易导致利息风险等。由于工业企业生产的特殊性，其负债主要是流动资金，所以从图 8－10 反映的区间来讲，我们认为这一比例是合适的。同时，因为资产整体水平大于负债，所以基本不存在清偿力风险。

表 8-6 东部各省份工业企业资产负债率状况 单位：%

工业企业资产负债率	2002 年	2003 年	2004 年	2005 年	2006 年
北京	53.3	53.13	51.61	36.69	38.91
天津	58.1	58.75	56.7	58.49	57.83
河北	62.41	61.68	62.32	61.14	61.05
辽宁	59.18	58.76	58.92	58.22	57.5
上海	49.17	49.68	50.25	50.53	50.28
江苏	59.78	61.95	62.2	61.66	60.58
浙江	55.45	57.24	57.83	59.62	60.35
福建	55.82	54.34	52.78	52.71	53.81
山东	59.68	59.37	58.5	58.37	57.77
广东	55.53	56.51	58.11	57.84	56.72
广西	65.07	65.35	64.74	61.58	61.1
海南	52.86	53.78	54.49	55.28	60.5

数据来源：根据各省 2002—2006 年统计年鉴整理的资产负债表计算。

为了更直观地对 2002 年到 2006 年东部各地区工业资产负债率进行比较，下面给出五年间各地区工业资产负债率的曲线图。

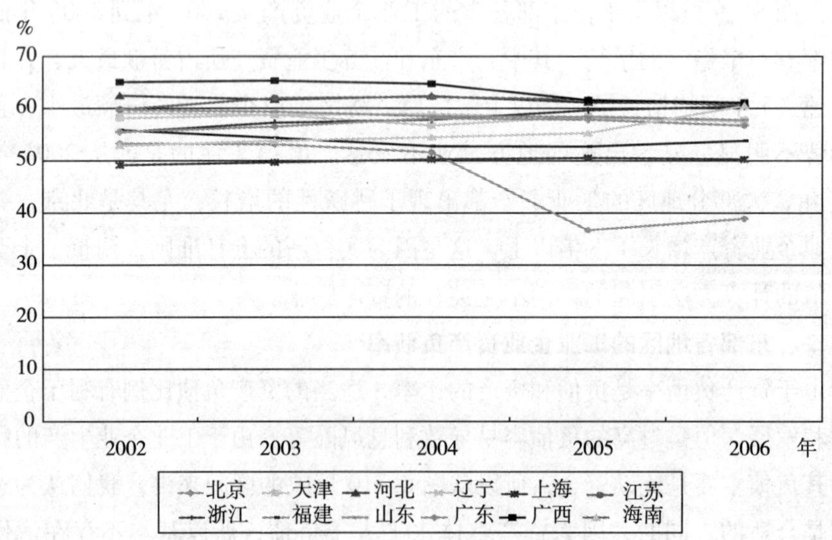

图 8-10 东部各省份工业资产负债率

由图 8－10 可以看出，北京工业金融风险控制得较好，从 2002 年到 2006 年资产负债率持续下降，尤其是 2005 年、2006 年两年间，资产负债率降到了 0.4 以下；上海工业的金融风险非常稳定，五年间一直在 0.5 左右小范围波动。相比较而言，河北、江苏、广西等省区的资产负债率就较高，说明这些省份的工业企业存在一定的资本结构风险。

三、东部各地区工业企业是否存在期限错配情况

我们选取流动比率这个指标。由于流动比率是流动资产和流动负债的比例，流动比率越高，说明期限错配风险控制得越好。表 8－7 是 2002 年到 2006 年东部各地区的流动比率。由于数据的缺失，我们只对 2003 年、2005 年和 2006 年三年的流动比率和五年间流动比率的变化趋势进行考察。

表 8－7　　东部各省份工业企业流动比率　　单位：%

流动比率	2002 年	2003 年	2004 年	2005 年	2006 年
北京	na.	1.177894	na.	1.148025	1.121706
天津	na.	1.050107	na.	1.046067	1.031016
河北	na.	0.939693	na.	0.920202	0.913695
辽宁	na.	0.959814	na.	1.001368	1.038448
上海	na.	1.231885	na.	1.190806	1.215413
江苏	na.	1.002428	na.	1.007721	1.023315
浙江	na.	1.093462	na.	1.074919	1.058907
福建	na.	1.148916	na.	1.176081	1.153991
山东	na.	0.97502	na.	0.977952	0.974785
广东	na.	1.159278	na.	1.136058	1.14492
广西	na.	0.877371	na.	0.919951	0.95765
海南	na.	1.257416	na.	1.156492	1.151325

为了更直观地描述流动比率的变化趋势，下面给出东部各地区流动比率的曲线图：

由图 8－11 可以看出，除了河北、山东和广西三个省份之外，其他地区的流动比率均在 1% 以上，流动资产大于流动负债，不存在期限错配问题。但是

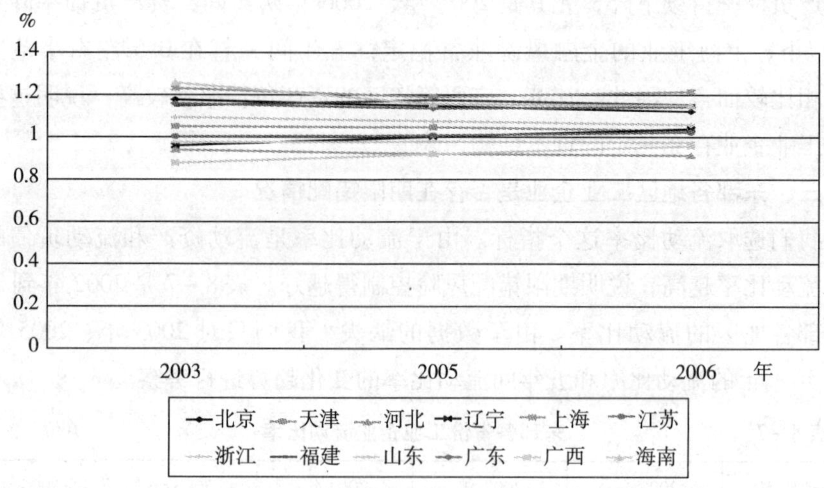

图 8-11 东部各省份工业企业流动比率

值得注意的是，北京、天津、浙江等地区虽然流动比率都在1%以上，却都有下降的趋势。

流动比率变化最明显的是辽宁。从2002年的流动资产小于流动负债到2005年流动资产大于流动负债，并且2006年继续保持着这种增长的势头，说明从2002年开始振兴东北老工业基地的产业结构调整已经开始取得成效，在近几年中不断改善。

河北、山东和广西是三个流动比率始终小于1%的地区。而河北和广西的流动比率变化情况又截然相反。五年间，河北的流动比率不断下降，反映出相关部门在2002年流动资产小于流动负债以后，并没有对工业企业存在的期限错配问题采取有力的措施，导致这种情况在2006年更为严重，河北的流动比率成为东部各省中最低的一个地区，这也与河北钢铁工业比较发达的情况有关。与此相反，广西的流动比率虽然也小于1，但是却在不断增长。

8.2.2 建筑业

同工业的分析方法一样，我们将进行如下分析。

一、东部各地区建筑业的资产情况

表 8－8　　东部各省份建筑业资产状况　　单位：万元

总资产	2002 年	2003 年	2004 年	2005 年	2006 年
北京	10 550 535	12 698 521	14 645 377	32 714 956	35 736 878
天津	4 061 628	5 208 402	6 313 333	7 384 760	9 176 835
河北	7 111 712	7 799 313	8 491 113	9 764 736	10 574 715
辽宁	8 393 428	10 170 794	12 229 453	12 539 488	14 568 799
上海	8 222 730	11 958 034	17 379 963	20 777 866	25 173 091
江苏	21 995 164	27 949 354	33 705 671	32 095 807	39 070 068
浙江	22 829 906	31 272 779	39 667 735	25 943 721	30 669 658
福建	4 026 874	5 493 441	5 656 247	7 725 253	8 966 978
山东	11 511 730	14 813 618	19 021 125	23 373 281	26 516 230
广东	13 417 808	15 163 242	17 495 638	25 926 241	28 244 404
广西	2 211 684	2 818 466	3 335 919	4 555 245	4 582 672
海南	415 089	394 053	470 692	598 573. 8	618 904. 7

数据来源：各省统计年鉴（2002—2006）。

为了更直观地描述出从 2002 年到 2006 年东部各地区建筑业资产变化的趋势，下面给出五年间各地区建筑业资产的曲线图。

由图 8－12 可以看出，除了浙江和北京 2004 年建筑业资产出现了较大的异常变动外，其他地区的建筑业企业资产基本上都在稳定增长。其中，海南建

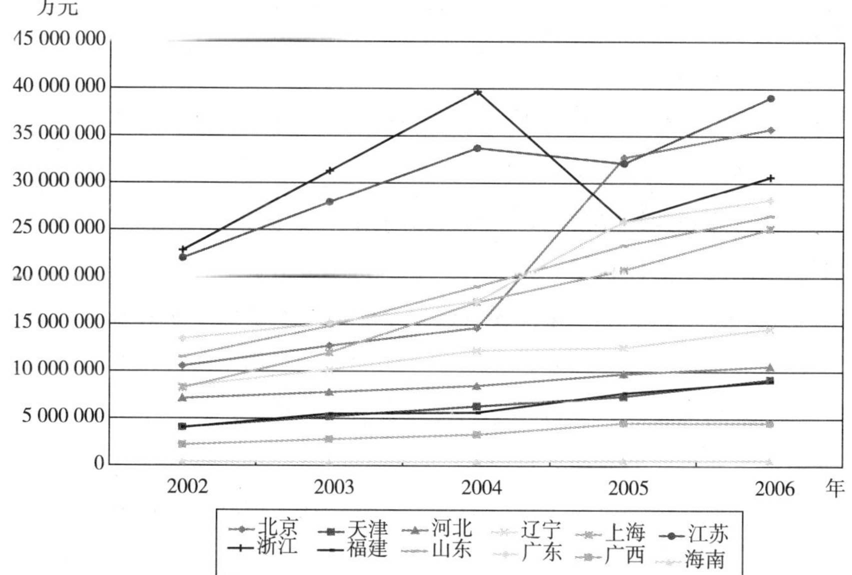

图 8－12　东部各省份建筑业资产曲线图

筑业企业资产非常平稳，增长幅度极小；广东2004年出现了一个较大的增长，2005年趋于平稳；江苏2004年有一个小幅度的下滑后2005年到2006年逐步上升。总体来说，这些省市的建筑业企业资产是呈上升趋势的。

浙江和北京的建筑业企业资产在2004年出现了比较大的、截然相反的波动。其中，浙江建筑业资产在2004年急剧下滑，资产缩水近1/3；而北京在2004年建筑业资产急剧上升，增幅达一倍以上，是否存在建筑市场转移，有待证明。

二、东部各地区建筑业企业的资产负债率

由于数据的缺失，这里仅对2005年和2006年两年的资产负债率进行比较说明。由于本章是对东部各地区的金融风险进行横向比较分析，因此，我们更关注某一特定年份中各地区、各行业之间的风险差异情况，纵向数据的缺失对本章的研究并不造成影响。表8－9是2005年、2006年两年各地区建筑业的资产负债率。

表8－9　　东部各省份建筑业资产负债率　　单位：%

资产负债率	北京	天津	河北	辽宁	上海	江苏
2005年	0.642042	0.733779	0.61677286	0.605715	0.728049	0.679653
2006年	0.682296	0.721943	0.60998886	0.615494	0.73341	0.645758
资产负债率	浙江	福建	山东	广东	广西	海南
2005年	0.654446	0.629049	0.66209	0.680861	0.601517	0.581237
2006年	0.640989	0.617107	0.66422	0.677039	0.61677	0.573668

资料来源：根据整理的资产负债表计算。

为了更直观地比较2005年、2006年东部各地区建筑业企业的资产负债率，下面给出两年的柱状图。

由图8－13可以看出，东部各省建筑企业的资产负债率都在0.8以下，说明都不存在清偿力问题。其中，天津和上海的资产负债率较高，与这两个地区房地产市场的高速发展、建筑企业的盈利水平上升相关。

三、建筑业企业的流动比率情况

和资产负债率一样，由于数据的缺失，我们仅对2005年和2006年建筑企业的流动比率进行考察。表8－10是2005年和2006年东部各省建筑业企业的流动比率。

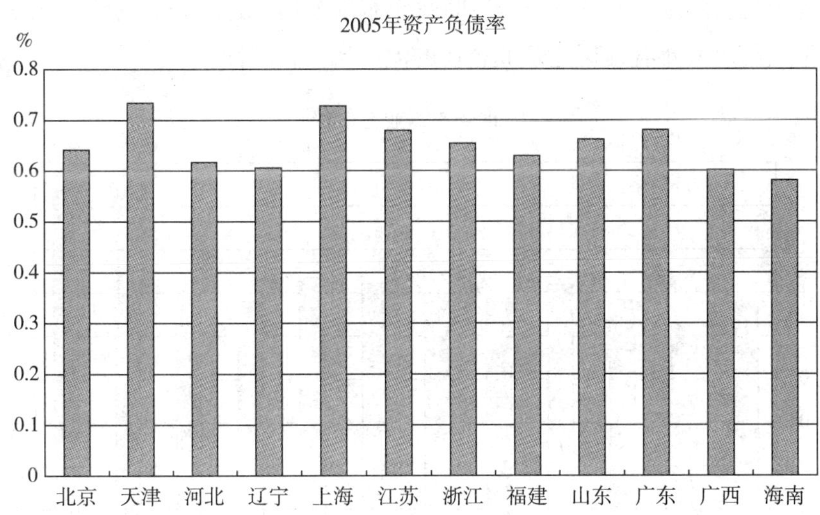

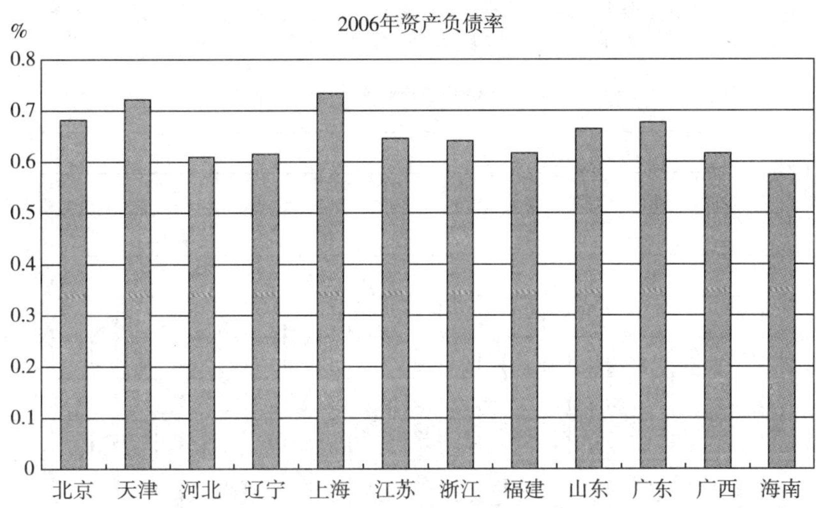

图 8－13 东部各省份建筑业资产负债率

表 8－10 **东部各省份建筑业流动比率** 单位：%

流动比率	北京	天津	河北	辽宁	上海	江苏
2005 年	1. 159807	1. 059786	1. 16501279	1. 236963	1. 170676	1. 19676
2006 年	1. 129365	1. 049871	1. 1767268	1. 254283	1. 142334	1. 270071
流动比率	浙江	福建	山东	广东	广西	海南
2005 年	1. 242268	1. 268523	1. 158228	1. 183066	1. 18705	1. 689398
2006 年	1. 275049	1. 301934	1. 182411	1. 198537	1. 182682	1. 753461

为了更直观地比较 2005 年和 2006 年东部各地区建筑企业的流动比率的差异，下面给出两年各地区建筑业企业的流动比率柱状图。

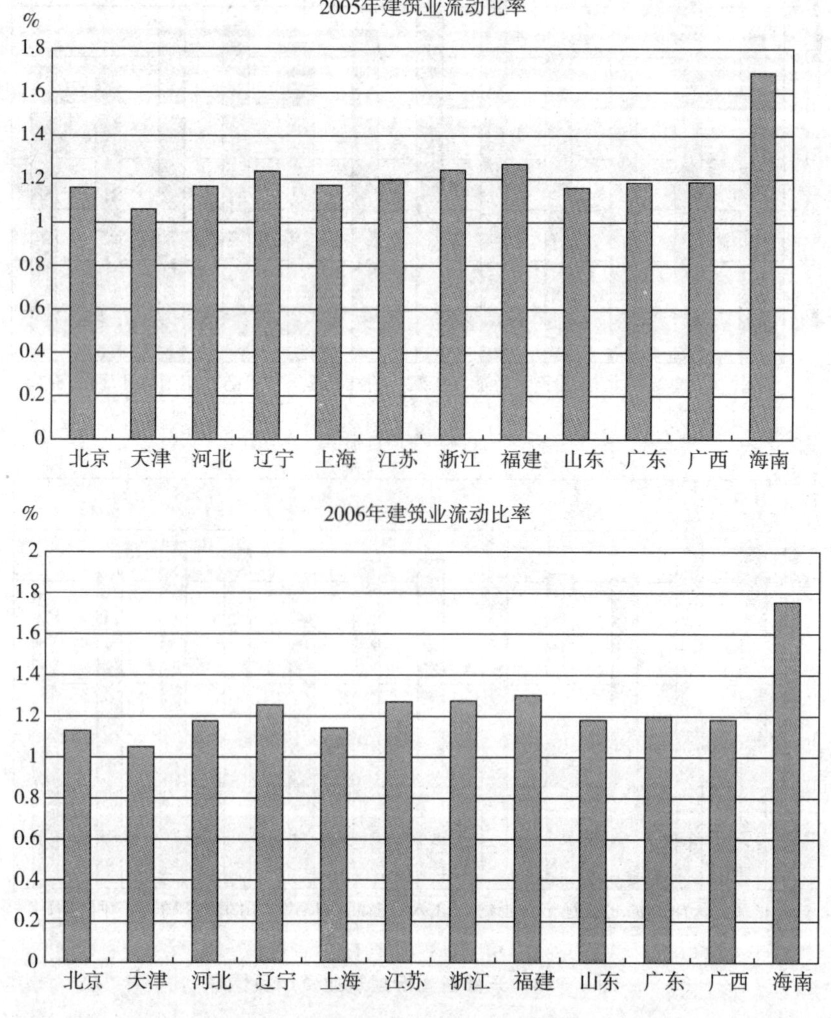

图 8－14　东部各省份建筑业流动比率

从图 8－14 来看，东部各地区建筑业企业的流动比率都大于 1%，说明流动资产大于流动负债，不存在期限错配问题。尤其是海南，两年的流动比率都超过了 1.6%，说明流动资产大大超出了流动负债，建筑业流动性较好。

8.2.3 国内贸易

中国国内贸易主要包括限额批发零售业和住宿餐饮业。本节对资产、资产负债和流动比率的统计都是对这两年各行业的数据进行加总之后的处理结果。

一、国内贸易企业的资产情况

由于2004年数据缺失，我们仅考察2002年、2003年、2005年和2006年国内贸易企业的资产。表8－11是东部各地区国内贸易企业的资产表。

表8－11 东部各省份国内贸易企业的总资产 单位：亿元

国内贸易企业总资产	2002年	2003年	2005年	2006年
北京	2 780	3 587.8	6 212.1	7 876.88
天津	608	723.2	1 315.8	1 385.871
河北	526	556.1	694.5	735.133
辽宁	1 079	1 118.2	1 482.9	1 628.799
上海	2 024	2 270.9	4 020.7	4 441.664
江苏	1 389	1 730.9	2 176.3	2 782.732
浙江	1 476	1 982.5	3 208.4	3 648.357
福建	716	879	1 155.5	1 385.893
山东	1 306	1 503.2	2 127.6	2 385.388
广东	2 329	2 760.5	4 442.1	4 963.734
广西	255	240.4	435.3	440.9249
海南	77	97.3	125.3	154.2733

数据来源：东部各省统计年鉴（2002—2006）。

为了更直观地表现东部各地区资产的差异，下面给出各地区的资产折线图。

图8－15显示了东部各地区国内贸易企业的资产比例情况。从2002年到2006年各地区的国内贸易资产都在增长，但增长幅度存在着明显的差别。各地区的资产占比水平层次非常清晰，截至2006年年末，东部各地区的贸易资产从多到少依次是：北京、广东、上海、浙江、江苏、山东、辽宁、福建、天津、河北、广西和海南，沿海地区的贸易资产比内陆地区具有明显的优势。北京、广东、上海和浙江的贸易资产最多，并且在2003年资产大幅增长的地区，北京的贸易资产更是遥遥领先，连续5年保持高增长态势。

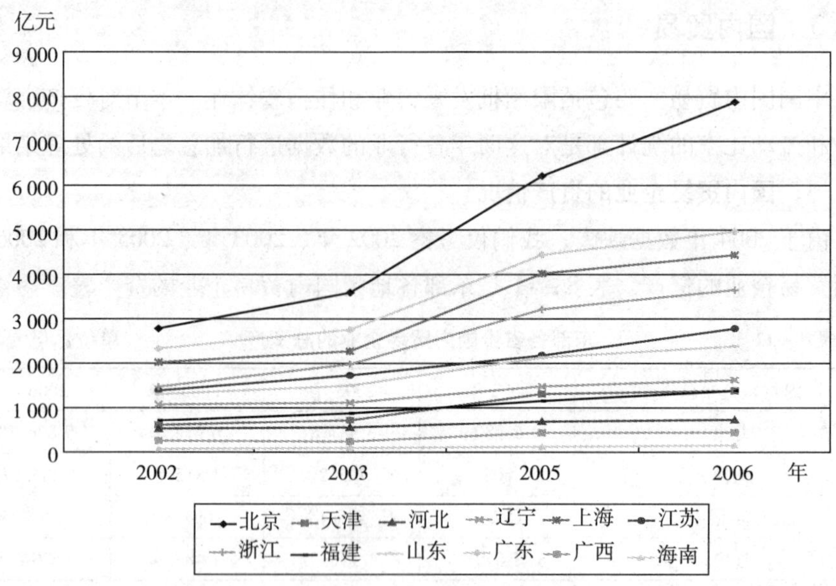

图 8－15　东部各省份国内贸易企业总资产

二、东部各地区国内贸易企业的资产负债率

表 8－12　　东部各省份国内贸易企业资产负债率　　单位：%

国内贸易企业资产负债率	2002 年	2003 年	2005 年	2006 年
北京	0. 769064748	0. 728998272	0. 713479	0. 692886
天津	0. 791118421	0. 78443031	0. 747606	0. 73768
河北	0. 809885932	0. 803092969	0. 780418	0. 767306
辽宁	0. 834105653	0. 822571991	0. 811046	0. 750713
上海	0. 689229249	0. 677572769	0. 694257	0. 686486
江苏	0. 740100792	0. 731353631	0. 697974	0. 712271
浙江	0. 685636856	0. 707288777	0. 693897	0. 728469
福建	0. 650837989	0. 640159272	0. 624924	0. 62102
山东	0. 830015314	0. 791511442	0. 75235	0. 749562
广东	0. 747960498	0. 733743887	0. 711038	0. 706307
广西	0. 705882353	0. 735024958	0. 673788	0. 666875
海南	0. 662337662	0. 646454265	0. 64166	0. 633433

为了更直观地观察从 2002 年到 2006 年各地区贸易企业的资产负债情况，下面给出各地区资产负债率的折线图。

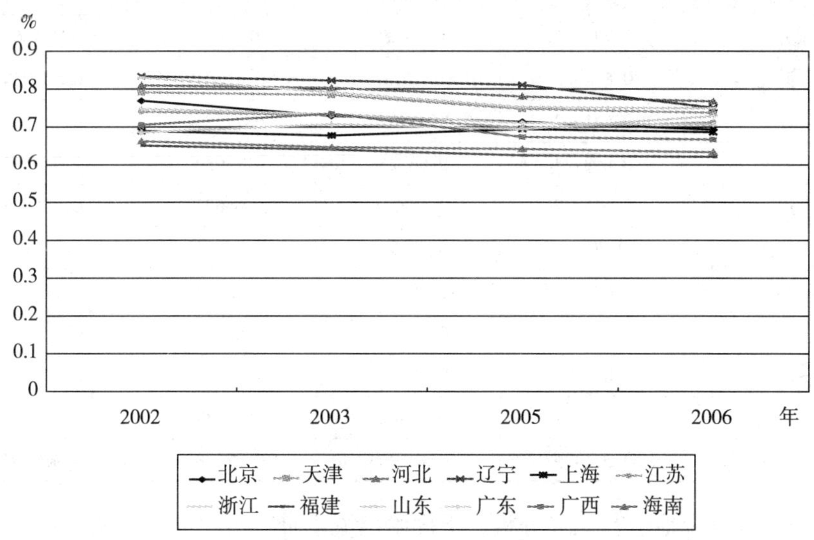

图 8－16 东部各省份国内贸易企业资产负债率

由图 8－16 可以看出，东部各地区贸易企业的资产负债率均在 0.9 以下，并且各地区在 2002 年到 2006 年的五年间资产负债率都有稳定下降的趋势。这表明国内贸易企业的资产结构良好，不存在清偿力风险。尤其是福建，2006 年在其贸易企业的资产与河北达到相同的情况下，资产负债率远远低于河北，说明福建贸易企业部门非常注重资产结构的配置，相反河北应该对该问题引起重视。

由于流动负债和长期负债数据的缺失，我们不能像工业部门和建筑业部门那样，通过计算流动比率来判断该行业是否存在期限错配风险，但是我们可以通过计算流动资产和总资产的比例，间接反映出期限错配风险产生可能性的大小。流动资产在总资产中的占比高，说明当金融危机来临时，该行业有越多的流动资产来偿还流动负债，抵御外部风险；反之，流动资产在总资产中的占比越低，说明出现期限错配风险的可能性越大。表 8－13 是 2002 年到 2006 年东部各地区流动资产在总资产中的占比情况。

表 8-13　　东部各省份国内贸易企业流动资产占比　　单位：%

流动资产/总资产	2002 年	2003 年	2005 年	2006 年
北京	0.757554	0.726908	0.69994	0.676334
天津	0.748355	0.74115	0.78059	0.794866
河北	0.604563	0.62237	0.610799	0.630936
辽宁	0.645042	0.714094	0.715827	0.714113
上海	0.698123	0.667268	0.739399	0.741652
江苏	0.665227	0.658559	0.666222	0.706656
浙江	0.70122	0.721866	0.746883	0.741118
福建	0.694134	0.696587	0.726006	0.727408
山东	0.665391	0.623803	0.698534	0.673444
广东	0.657793	0.635972	0.70192	0.742413
广西	0.517647	0.569884	0.598897	0.640136
海南	0.571429	0.477903	0.672785	0.699169

为了更直观地进行比较分析，下面给出流动资产占比的折线图。

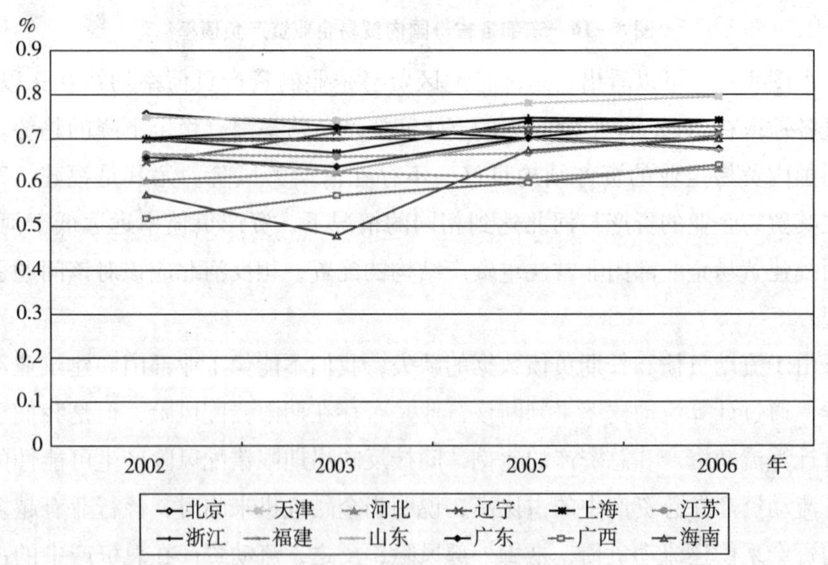

图 8-17　东部各省份国内贸易企业流动资产占比

贸易企业的特点决定了贸易企业的流动资产相对较高的特征，从图 8-17 可以看出：五年间大多数地区的流动资产比例都是稳定上升的，只有北京是在逐年下降，但是下降幅度不大。

8.2.4　房地产业

房地产业是固定资产投资的一部分，由于房地产业主要是开发、经营和管理业，而开发过程中的房地产的建造，通常是由建筑业者来承担的，所以房地产业总体上属于服务行业，当然也是新兴服务行业。因此，与将建筑业划入第二产业不同，一般把房地产业划入第三产业。表 8－14 是 2002 年到 2006 年东部各地区房地产企业的资产情况，2004 年数据缺失。

表 8－14　东部各省份房地产企业的资产　单位：万元

房地产企业资产	2002 年	2003 年	2005 年	2006 年
北京	49 694 066	57 038 522	103 056 653	125 475 461
天津	9 778 348	11 185 740	20 213 883	28 122 235
河北	4 284 178	4 315 288	9 317 561	11 893 135
辽宁	13 633 394	16 167 966	28 261 273	32 212 123
上海	58 716 764	70 243 992	119 595 212	141 502 712
江苏	15 867 314	24 833 778	56 214 943	69 393 087
浙江	22 565 459	32 362 708	59 129 595	73 779 923
福建	12 210 638	15 725 909	26 498 164	35 405 636
山东	11 321 320	14 807 523	30 301 374	36 935 778
广东	61 385 402	67 872 403	98 426 682	118 563 410
广西	3 096 430	4 170 909	9 670 611	11 320 692
海南	1 752 105	1 702 798	3 511 069	5 366 981

数据来源：各省统计年鉴（2002—2006）。

为了更直观地比较各地区之间的资产差异，从折线图 8－18 可以看出，从 2002 年到 2006 年东部各地区房地产企业的资产都在增长。根据 2006 年的资产情况可以将东部 12 省划分为三类。第一类：上海、北京、广东。这三个省份的房地产资产增长速率最快，其中上海房地产资产比例最高，反映出上海的房地产行业最为发达。第二类：浙江和江苏。这两个省份的资产增长速率是差不多的，总资产在东部所有省份中也属于中等水平。第三类：山东、福建、辽宁、天津、广西、海南。这几个省份的资产增长速率比较低，尤其是广西和海南，总资产和资产增长速率都非常小，显示出房地产发展程度不高或总量增加有限。

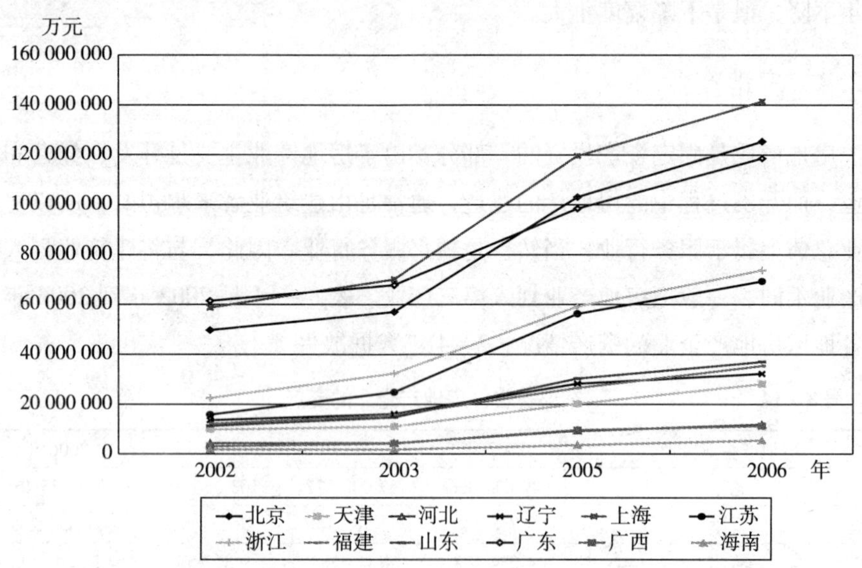

图 8－18　东部各省份房地产企业的资产状况

为了考察东部地区房地产企业是否存在清偿力风险，表 8－15 列出了东部各地区房地产企业资产负债率的情况。

表 8－15　东部各省份房地产企业的资产负债率　单位：%

房地产企业资产负债率	2002 年	2003 年	2005 年	2006 年
北京	81.3	81.9	79.1	80.3
天津	72	73.3	72.8	71.0
河北	72.2	77.4	69.5	71.5
辽宁	79.8	81.2	68.7	79.9
上海	66.7	70.9	66.6	67.7
江苏	80.6	81.3	76.4	77.8
浙江	82.7	83.7	80.6	79.6
福建	71.3	72.3	69.1	71.3
山东	78.1	76.4	73.9	73.5
广东	76.5	76	73.1	75.1
广西	80.8	77.9	71.2	70.4
海南	68.7	79.1	92.3	74

图 8－19 显示，东部各省份资产负债率在五年间都是稳定下滑的，只有海

南和辽宁出现了截然相反的异常波动。辽宁的房地产资产负债率在2005年出现了一个明显的下降，2006年又恢复到原来的水平。而海南的房地产资产负债率从2002年开始就大幅上升，在2005年达到顶点，超过了0.9，2006年在政府的宏观调控下，资产负债率开始下降。这些数据说明，海南从2002年到2005年房地产行业较其他地区的清偿力风险比较大，很容易出现资不抵债的情况。由于房地产开发的周期性和房地产企业的大量资金来自银行，因此应对此给予关注。

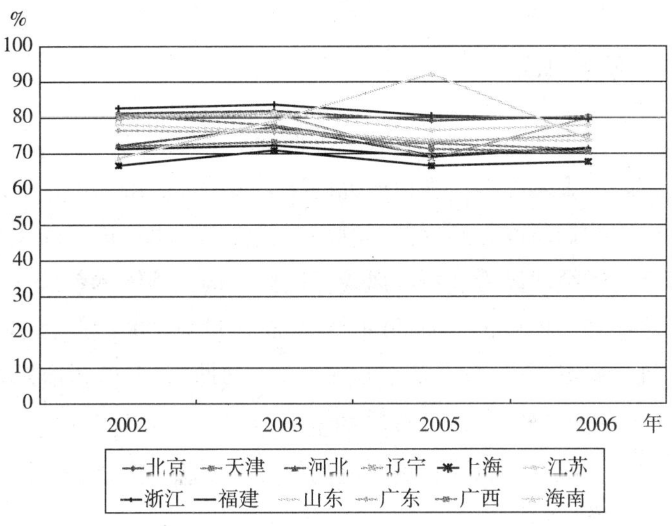

图8-19 东部各省份房地产企业资产负债率

9 中国东部金融风险的管理

9.1 中国东部区域金融风险的日常管理

9.1.1 构筑预警体系

金融危机的产生是金融运行过程中的信贷矛盾发展到一定阶段的产物，是风险积累的结果。金融脆弱性理论研究的结果表明，金融周期性的危机实际上是不可避免的，我们所能做到的就是利用现代管理技术将危机的风险化解到最小，通过日常管理缓解风险、释放风险。因此，构筑预警体系是防范危机、减少损失的必然途径。Barton、Newell 和 Wilson 通过对 1983 年智利危机至 2002 年阿根廷危机（包括 1986 年美国危机等）这一时间段世界各地爆发的大大小小十几次金融危机的研究，在《危险的金融市场——金融危机中的管理之道》一书中从实体、金融系统和国际资本流动等方面，总结出金融危机爆发前的预警信号，共分四类：

第一类，实体部门的预警信号：私人部门价值受到破坏，利息保障比率低于 2，一场危机就在孕育。当一个国家的大多数企业获得的投资回报（ROIC）低于它们的加权平均资本成本（WACC），或者一个国家的顶尖上市公司的现金流和利息支付金额之间的比例（ICR）低于 2，那么一场波及面极为广泛的危机就可能逼近。

第二类，金融系统的预警信号：银行的盈利水平、贷款组合、存款萎缩或存款利率飞速上升、不良贷款和银行业同业拆借利率、资本市场拆借利率。如果零售银行全系统年资产回报率（ROA）低于 1% 或年净利润率低于 2%；银行贷款组合以每年 20% 的速度增长且时间超过两年，就会变成坏账；存款人超过两个季度连续从当地银行提出存款；银行的实际不良贷款超过银行资产总额 5%；如果一家零售银行长期缺资金，在银行同业市场拆借，或者提供高于市场水平利率来获得资金时，实际上这家银行在市场上已经产生信任危机，只是这种危机很难跟踪。金融系统出现以上症状，意味着有可能引发危机。

第三类，国际货币和资本流动：外国银行贷款的期限结构、国际货币和资本流动的猛增或剧减。货币错配或者外国投资者通过股票、债券和银行贷款把大量的资金投入一个生产力低下而又管理不善的国家时，就会出现信贷过热，可能引发危机。

第四类，资产价格泡沫：当房地产、证券和奢侈品任何种类的资产价格连续几年以20%的速度增长时，就会产生资产泡沫。

实际上，以上大部分数据，在中国都可以通过搜集获得，企业每月纳税的资产负债表、央行月报、统计部门公布的统计资料等为搜集这些数据提供了可能，因此使用宏观金融工程的资产负债方法为监控金融风险提供了可行的基础。同时，现代信息技术的广泛运用，为构造区域金融风险综合预警体系进行日常管理提供了便利的条件。以下为区域金融风险综合预警系统构想图：

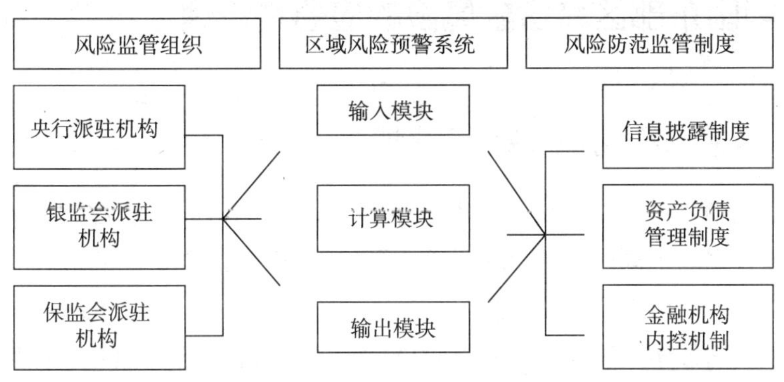

图9－1　区域金融风险预警结构图

9.1.2 完善商业银行资产负债比例和表外业务管理

“从对金融危机的研究中得出的一个重要结果是，银行危机通常都处于金融危机的核心位置。金融危机可以由银行业危机触发，在这种情况下，银行业危机的后果是显而易见的。不那么明显、但是更关键的一点在于即使金融危机是由银行部门以外的因素触发的（例如最近的亚洲金融危机是由货币危机触发的），但是银行业危机往往紧随而至，并且它对实体经济造成的危害往往最大。我们可以这么说，正是银行业的危机决定了金融危机的深度和广度。经验证据和理论推理都支持了这样的观点：保持银行业稳定是维护金融稳定的核心关键。”①

“银行稳，金融稳。”根据《巴塞尔资本协议》的要求，对商业银行全面落实资产负债管理，是经过长期检验了的保证商业银行稳健经营的有效途径之一。尤其东部地区金融形势相对复杂，区域性中小型银行有数量大、经营水平参差不齐、受地方政府干预大的特点，在日常经营的过程中更应该落实好以下五个比例：（1）逾期贷款与自有资本金的比例；（2）短期负债与短期资产之间的比例；（3）中长期负债与中长期资产之间的比例；（4）借贷资金与营运资金的比例；（5）风险资产和资产总额之间的比例。同时，加强对表外业务的管理。实际上，近年来有许多商业银行的经营风险是因为表外业务引发的，因此在日常工作中还必须加强对表外业务的管理。

9.2 中国东部区域金融风险的应急性管理

9.2.1 设置应急预案，构筑防火墙

当危机将要爆发时，政府最多只有48个小时的时间（考虑到周六和周日以及世界各国的不同时区）来决定是否限制危机、如何处理危机和如何执行战略。这就是伦敦经济学院的查尔斯·古德哈特（Charles Goodhart）教授提出的所谓“48小时法则”（48 Hour Rule）。古德哈特教授是金融稳定问题的一位主要权威，曾任英国中央银行——英格兰银行首席经济学家。在洪水或地震这样的自然灾害中，因为不存在有能力改变灾害性质的人为力量，即便有人想从更大的灾害中获利也无能为力。相反，在金融危机中，却存在着可利用危机操纵金融市场从中获取暴利的人为力量。一个典型的例子是1992—1993年欧洲汇率机制危机中的乔治·索罗斯和他的对冲基金。作为强有力的对手，索罗斯和他的基金打败了英格兰银行并从中获得了亿万美元的利润，几个亚洲国家政府曾怀疑索罗斯也是在亚洲金融危机中战胜它们的对手的。因此，一国政府必

① 钱颖一、黄海洲：《关注银行业的稳定与发展》，载《金融信息参考》，2001-11。

须事先主动地做好战略准备，绝不可在危机中被动行事。由于这两个原因，政府必须保持警惕并事先准备好强有力的危机处理能力，具体的就是采用存款保险等手段，建立防火墙。

在最近爆发的美国次贷危机中，由于中国香港及时地宣布（较早于新加坡和日本东京）对所有存款实行保险，对于稳定资金、维护香港的国际金融中心地位起到了良好的作用。

9.2.2 建立地方政府首脑为主导的高层危机处置委员会

建立地方政府首脑为主导的高层危机处置委员会，发挥政府在应急事件中的主导作用。建立地方政府高层首脑为主导的，有人民银行、证监会等共同参与的金融风险危机处置委员会的好处是能够在危机爆发时及时组织和协调各个相关部门的力量。一是政府最后贷款人的角色增加了政府在处理危机时的信用；二是因为政府手中控制着舆论、宣传、治安等上层建筑工具，对于信息不对称下的挤兑有快速的反应效果，有利于防止危机的进一步蔓延。同时，危机爆发后，贷款机构要根据贷款的性质、特点，分层次地加速贷款的清收，力争将损失减少在最低的范围。

9.3 中国东部区域金融风险的防范与监控

9.3.1 加速金融改革，完善市场体系

1. 加速金融体制改革，完善市场体系的根本就是尊重企业（商业银行是企业的特殊形式）和公民的合法财产权，市场经济的特点就是法治经济。政府的职责是宏观调控和维护市场秩序，而不是参与企业的经营和干预企业经营的自主权，这点对地区性商业银行尤为重要。由于中国的地方性贷款机构大部分都是国有（地方）或者国家（地方政府）控股，由此出现了地方政府“理应干预”的理由，使这些地区性的商业银行基本失去了自主经营权，成为地方形象工程、绩效工程的“小金库”和“提款机”，也成为滋生腐败的土壤。尊重金融机构经营的自主权是金融改革的核心，良好的法制环境是保证金融改革成功的必要条件。2008 年 3 月，“两会”前夕，中国政府宣布实行“两税”

合并，得到了包括世界500强的坚决支持，就是这世界500强接下来在香港发布联合宣言，要求政府给予他们一个对等的公平竞争环境，这从一个侧面反映了中国市场体系建设存在的不足。郎咸平认为：地方政府的腐败和公权力寻租是影响区域金融安全的最大毒瘤。

2. 建立适合中国东部经济发展的与之相配套的金融体系。东部经济发展的特点是非国有经济发展迅速，对GDP的贡献超过了70%，但是非国有企业贷款难；第三产业占比较大，民间社会资金实力雄厚、地下金融发达。加速金融改革、建立与东部经济相适应的金融体系，是经济发展和化解地下金融风险的迫切要求。发展民间金融机构，并将其纳入监管体系，既有利于防范地下金融活动带来的区域金融风险，也有利于中小企业的融资并缓解现有的商业银行的信贷压力，转移部分风险。

9.3.2 建立区域金融安全区

建立金融安全区包括两方面的含义，一是打破现有的以行政区划为主导的金融监管体系，建立不以行政区划为限制的、以产业和经济发展为导向的、具有同质性经济状态的金融监管区，并设置在中央银行统一货币政策下的有限决策权的金融监管机构。在央行统一货币政策指导下，落实微调机制，保证统一货币政策的有效实施。二是建立与区域金融相适应的金融风险监控机制和风险处理系统，譬如可以在经济发达的长三角、珠三角设置较高级别的分支监管机构，建立针对某些金融活动特别活跃地区的专门的金融监管机构。由于具有同质性的特点，不仅有利于监管活动的跨行政区的实施，也有利于兼顾不同地区的不同金融诉求，降低监管成本，提高监管效率，更有利于缩小区域金融差异。

9.3.3 加强区域金融合作

随着越来越多的区域性金融机构和企业跨区域经营，同一货币政策和环境下的资本和货物自由流动决定了稳定区域金融安全必须加强区域之间的合作。区域金融合作包括两方面的内容：一是商业金融机构之间的相互授信，二是监管当局的监管合作。不管是哪种合作，两者的目标是一致的，即防止金融风险、打击金融犯罪。一方面，区域金融风险具有爆发力强、传染快的特点。区域金融合作有利于建立跨区域的金融风险预防联动机制，在一地爆发危机时能及时地传达给另一方，在区域之间设置隔离带，防止危机的传播。另一方面，区域金融合作有利于区域间的信息交流，减少信息的不对称，有利于机构之间彼此共享成功的经验和吸取失败的教训。

9.3.4 加强对区域金融风险的研究

“没有理论指导的实践是盲目的实践”，没有理论指导的区域金融风险预防和控制活动，至多也就是瞎子摸象。在预防和控制区域金融风险上，人的因素是至关重要的！在物质条件也就是硬件环境已经具备的情况下，要有效地预防和控制风险主要靠理论研究来及时地发现风险的苗头，并采取必要措施。因此，要预防和控制区域风险必须加大对区域金融风险的研究力度，加强人才培养。中国当前在区域金融风险的研究上还存在着薄弱环节，一是从事这方面研究的人少，研究的水平不高，存在着重融资、轻风险的不对称研究，这也是由地方政府普遍存在重视吸引资金、轻视资金使用风险的态度决定的；二是近年来中国经济高速发展，尽管局部区域发生过区域金融泡沫，但是没有出现大面积的扩散，因此缺乏对区域金融风险的足够重视。

结束语

2008 年，注定是不平凡的一年，中国成功地举办了奥运会，从 2006 年开始的牛市在 2 月一举盘上了 6 200 点的高峰，接下来一路下滑，到本人完稿为止，中国股市已经大幅下挫了 70% 以上。受美国“次贷危机”的影响，世界各国，尤其是发达国家纷纷向银行体系注入流动性，金融危机不再是近些年来新兴市场的“专利”，有悲观者认为美国的“次贷危机”对经济的影响后果将远远超过 1929—1933 年的“大萧条”。

美国著名金融学家、纽约大学金融学教授、2003 年诺贝尔经济学奖获得者恩格尔认为不仅是格林斯潘主导的错误的长期低息政策导致了美国的“次贷危机”，华尔街的贪婪和对风险管理的失控也是造成危机的主要原因。

中国当前处于金融改革的转型时期，虽然没有直接卷入危机，但是危机给中国实业界带来的影响已经开始显露，外向型经济对出口的高度依赖以及投资拉动型的增长模式，已经开始暴露出其弱点。许多经济学家警告：中国之所以没有爆发危机，其原因不仅仅是外汇资本项目管制，更重要的是因为中国持续的高增长掩盖了爆发危机的风险，千万不要因为盲目的乐观而削弱对风险管理的认识，加强对金融风险的研究刻不容缓，这也是本人致力于中国区域金融风险研究的基本动因。

银行稳定是金融稳定的关键，区域金融稳定是系统稳定的重要保证。银行业的稳定之所以成为金融稳定的关键，首先是由银行的功能决定的，银行作为金融中介是一国经济发展最重要的融资渠道；其次，银行是一个通过资产负债表上的持续不匹配来创造流动性的行业，这种与生俱来的脆弱性决定了银行容易受到“挤提”的威胁。而区域稳定是防范风险、防止风险蔓延的截止阀，区域风险控制得当就能及时地缓释和化解风险。银行业的稳定一方面来自于银行自身的信用，另一方面来自于贷款企业的信用，这种银企之间的良好信用关系构成了整个信用稳定的链条，任何一个环节的断裂，都将影响到金融的稳定。

研究中我们发现，从整体上讲东部区域经济发达，经济的基本面不错，金融机构和企业的运行良好。但是，我们不能不看到，这是中国近20年来连续快速增长的结果。根据金融脆弱性理论，在经过20～30年的经济增长之后，不仅仅是经济，而且金融机构，尤其是银行业本身也有一个自然调整的要求，一旦进入经济调整，金融风险不可避免，这是因为：一是选择的指标样本都是国内上市企业，是国内资产质量最好的企业，因此不能代表整个产业的实际情况；二是经过连续20年的增长，经济将自然进入一个调整期，经济发展的步伐一旦放缓（中国的经验值为8%），风险暴露将增加；三是尽管基本面是好的，但是从我们的分析中可以看出，个别地区、个别行业，尤其是房地产等行业这几年发展迅猛，步入了一个新的周期，而房地产大量的资金来自于银行业和预售收入，随着地产业的不景气，金融风险暴露也将呈增加态势。

事实上，近来美国爆发的“次贷危机”，已经随着美元传遍全球，中国是一个外贸高依赖国家，美国是中国最重要的贸易伙伴，东部作为中国加工业的基地，外贸经济形势必然会受到次贷危机的影响。根据国家统计局的资料，2008年上半年，东部地区有6.8万家中小企业倒闭，而这些企业大部分是外向型加工企业，技术含量不高，受汇率波动、世界经济不景气影响大，抗风险能力比较差。很多经济学者也预言，在未来的2～3年内，因为美国的次贷危机影响，中国的产业调整将步入一个新的阶段，经济形势不容乐观，因此，做好金融风险的防范，维护金融稳定显得尤为迫切。

参考文献

中文书籍

[1] 巴塞尔银行监管委员会:《巴塞尔新资本协议——统一资本计量和资本标准的国际协议：修订框架》，北京：中国金融出版社，2004。

[2] [加] 鲍达民、[墨] 罗伯特·纽厄尔、[美] 格雷戈里·威尔逊:《危险的金融市场——金融危机中的管理之道》，北京：经济科学出版社，2005。

[3] [英] 麦克·巴克尔、约翰·汤普森:《英国金融体系——理论与实践》，北京：中国金融出版社，2005。

[4] [美] 亚历山大·兰姆弗赖斯:《新兴市场国家的金融危机》，成都：西南财经大学出版社，2002。

[5] 蔡宁、吴结兵:《产业集群与区域经济发展——基于"资源—结构"观的分析》，北京：科学出版社，2007。

[6] 陈雨露、汪昌云：《金融学文献通论》，北京：中国人民大学出版社，2001。

[7] 陈漓高、邢成、杨新房：《经济全球化条件下中国金融市场发展研究》，北京：人民出版社，2005。

[8] 陈先勇:《中国区域金融发展与区域经济增长》，武汉：武汉大学出版社，2005。

[9] 陈秀山、孙久文：《中国区域经济问题研究》，北京：商务印书馆，2005。

[10] 陈秀山、张可云:《区域经济理论》，北京：商务印书馆，2005。

[11] 段德生、肖顺喜:《体制转轨中的区域金融研究》，上海：学林出版社，2000。

[12] 当代上海研究所：《2005 长江三角洲发展报告——经济增长与城市

化进程》，上海：上海人民出版社，2005。

［13］付晓东、胡铁成：《区域融资与投资环境评价》，北京：商务印书馆，2005。

［14］姜学军、刘丽巍、范南：《金融对外开放与监管问题研究》，北京：中国时代经济出版社，2005。

［15］刘树成：《中国经济的周期波动》，北京：社会科学文献出版社，2007。

［16］李建军、田光宁：《九十年代三大国际金融危机比较研究》，北京：中国经济出版社，1998。

［17］刘仁伍：《区域金融结构和金融发展理论与实证研究》，北京：经济科学出版社，2002。

［18］麦勇：《自由化进程中的中国区域金融比较研究》，北京：中国经济出版社，2005。

［19］孙工声：《金融政策的区域实践》，北京：中国金融出版社，2005。

［20］孙久文：《区域经济规划》，北京：商务印书馆，2005。

［21］宋清华：《银行危机论》，北京：经济科学出版社，2001。

［22］田霖：《区域金融成长差异——金融地理学视角》，北京：经济科学出版社，2006。

［23］王景武：《中国区域金融发展与政府行为：理论与实证》，北京：中国金融出版社，2007。

［24］王晓勇、许国平等译：《金融衍生产品风险管理——资产负债管理最新技术》，北京：中国金融出版社，1999。

［25］吴晓求：《中国资本市场分析要义》，北京：中国人民大学出版社，2006。

［26］武志：《中国地方金融体系的改革与重构》，大连：东北财经大学出版社，2006。

［27］叶永刚：《金融工程学》，大连：东北财经大学出版社，2002。

［28］杨德勇、吕素香、汪增群、张鹏：《区域金融发展问题研究》，北京：中国金融出版社，2006。

［29］张德远：《金融危机的理论与对策》，北京：中国农业出版

社，2001。

[30] 张军洲：《中国区域金融分析》，北京：中国经济出版社，1995。

[31] 张凤超：《金融地域系统研究——关于金融一体化的一种解释》，北京：人民出版社，2006。

[32] 张建：《外商直接投资区域选择》，北京：经济科学出版社，2006。

[33] 张可云：《区域经济政策》，北京：商务印书馆，2005。

[34] 章一峰：《金融热点问题聚焦》，北京：中国经济出版社，2006。

[35] 郑长德：《中国区域金融问题研究》，北京：中国财政经济出版社，2007。

中文期刊

[1] 艾洪德、郭凯、高新宇：《金融脆弱性、不完全信息、制度变迁与金融风险》，载《财经问题研究》，2006（7）。

[2] 艾洪德、张羽：《辽宁省区域金融风险实证研究》，载《财经问题研究》，2005（3）。

[3] 巴曙松：《转轨经济中的非均衡区域金融格局与中国金融运行》，载《改革与战略》，1999（4）。

[4] 陈华、尹苑生：《国有银行改革：传统观点和一个全新视角——基于金融脆弱性理论的实证分析》，载《经济体制改革》，2006（1）。

[5] 陈夏钢、陈世蛟：《关注区域金融市场“竞争失衡”趋势》，载《时政风云》，2006（12）。

[6] 程建伟：《区域金融的影响因素分析》，载《投资研究》，2007（7）。

[7] 崔光庆、王景武：《中国区域金融差异与政府行为：理论与经验解释》，载《金融研究》，2006（6）。

[8] 樊纲：《“金融单轨”对“经济多元”：二十年最大的体改失误》，载《中国改革》，1999（4）。

[9] 樊纲：《房价有泡沫早晚要破》，载《江苏经济报》，2008－04－01。

[10] 傅皓辉：《金融脆弱性理论的最新发展》，载《金融教学与研究》，2007（1）。

[11] 韩大海、张文瑞、高凤英：《区域金融生态影响区域金融资源配置

的机理》，载《财经研究》，2007（4）。

［12］黄金老：《论金融脆弱性》，载《金融研究》，2001（3）。

［13］侯尧文、胡怀邦：《资产价格泡沫、传统银行业脆弱性与国有商业银行业务转型》，载《当代经济科学》，2008（1）。

［14］江其务：《论中国转轨时期的金融风险》，载《河南金融管理干部学院学报》，1999（1）。

［15］姜建华、秦志宏：《非均衡发展格局下的区域金融风险与宏观金融运行》，载《国际金融研究》，1999（9）。

［16］蒋超良：《防范金融风险要有新思路》，载《广东金融》，1999（7）。

［17］焦媛媛、王琦：《区域金融体系理论研究综述》，载《工业技术经济》，2007（7）。

［18］李成：《非均衡经济中区域中央银行金融调控与监管研究》，载《当代经济科学》，2001（9）。

［19］李成：《区域金融风险控制：中央银行监管系统的轴心》，载《西安财经学院学报》，2003（2）。

［20］李成、李国平：《区域金融：现实检讨与政策处方》，载《西安交通大学学报》，2003，23（1）。

［21］李嘉尧、秦宏、罗剑朝：《论区域金融风险的防范与化解》，载《商业研究》，2006（19）。

［22］李扬：《房价即使大跌银行体系也不会崩溃》，载《新华每日电讯》，2008－07－19。

［23］林毅夫、章奇、刘明兴：《金融结构与经济增长：以制造业为例》，载《世界经济》，2003（1）。

［24］刘锡良、曹廷贵：《防范金融风险的七项对策》，载《财经科学》，1999（1）。

［25］刘莉亚：《商业银行内部评级系统研究综述》，载《外国经济与管理》，2004（8）。

［26］卢佳、金雪军：《中国区域金融发展：地理环境与经济政策——基于金融地理学视角的实证分析》，载《金融理论与实践》，2007（6）。

［27］马卫锋、刘春彦、踪家峰：《中国金融脆弱性悖论：一个进化博弈论解释》，载《辽宁工学院学报》，2007（2）。

［28］毛剑峰：《区域金融研究的新发展》，载《生产力研究》，2006（12）。

［29］毛金明：《民间融资市场研究——对山西省民间融资的典型调查与分析》，载《金融研究》，2005（1）。

［30］欧阳禹、申焕章、黎和贵：《区域金融稳定问题与评价指标体系研究》，载《重庆工商大学学报》，2005，15（2）。

［31］钱颖一：《激励理论与中国的金融改革》，载《金融信息参考》，1997（2）。

［32］孙立坚、牛晓梦、李安心：《金融脆弱性对实体经济影响的实证研究》，载《财经研究》，2004（1）。

［33］孙本照、孙悦：《论区域金融创新与区域金融风险控制》，载《现代管理科学》，2005（2）。

［34］孙伍琴：《金融脆弱性及启示》，载《中国统计》，2001（8）。

［35］田霖：《区域金融理论若干问题探讨》，载《价格月刊》，2007（4）。

［36］田霖：《我国银行业发展的省区差异研究》，载《河南社会科学》，2006（3）。

［37］王立平、陈瑶：《区域金融稳定预警指标体系研究》，载《金融理论与实践》，2007（9）。

［38］伍志文：《中国金融脆弱性：综合判断及对策建议》，载《国际金融研究》，2002（8）。

［39］吴军、邹恒甫：《存款保险、道德风险与银行最优监管——一个分析框架及其在中国的应用》，载《统计研究》，2005（2）。

［40］夏志琼：《担保链：动摇区域金融安全》，载《中国房地产金融》，2004（9）。

［41］向新民：《对金融脆弱性的再认识》，载《浙江学刊》，2005（1）。

［42］徐勤江、常冬梅：《论区域金融可持续发展》，载《经济体制改革》，2007（3）。

[43] 徐永良：《东部发达地区的领先发展与我国区域经济不平衡增长关系的实证检验》，载《工业技术经济》，2007（3）。

[44] 叶永刚、宋凌峰：《宏观金融工程论纲》，载《经济评论》，2007（1）。

[45] 叶永刚、宋凌峰：《宏观金融风险分析最新进展》，载《经济学动态》，2007（5）。

[46] 易纲、王召：《货币政策与金融资产价格》，载《经济研究》，2002（3）。

[47] 易纲：《银行不良资产呈地域特征》，载《市场周刊》，2005（3）。

[48] 易纲：《加强区域协作，改善金融生态》，载《南方金融》，2004（12）。

[49] 易传和、安庆卫：《建立区域金融稳定评价指标体系研究》，载《财经理论与实践》，2005（9）。

[50] 殷孟波、甘煜、张颖：《转轨时期金融体制缺陷分析》，载《财经科学》，1999（1）。

[51] 殷孟波：《中国信用基础脆弱性分析》，载《四川金融》，1999（3）。

[52] 殷孟波、徐加根：《试论金融风险向金融危机转化之机理》，载《四川金融》，1999（5）。

[53] 殷孟波、甘煜：《化解中国金融风险的思考》，载《南京金融高等专科学校学报》，1999（3）。

[54] 于晓媛：《外商直接投资区位分布及影响因素分析——以我国东部沿海地区为例》，载《理论探索》，2007（4）。

[55] 余新民、杨金花：《房地产抵押贷款评估的信息反馈与博弈均衡》，载《求索》，2007（4）。

[56] 曾康霖：《要注重研究区域金融》，载《财经科学》，1995（4）。

[57] 曾康霖：《亚洲金融危机引出的理论和实际问题》，载《财贸经济》，1998（11）。

[58] 张维迎：《信用体系的建立是中国未来持续发展的根本》，载《中国发展观察》，2005（7）。

[59] 张举刚、周吉光、丁欣：《中国吸引 FDI 的区位分析——东部地区吸引 FDI 对中、西部地区的启示》，载《科技管理研究》，2007（4）。

[60] 张俊生、曾亚敏：《 社会资本与区域金融发展——基于中国省际数据的实证研究》，载《财经研究》，2005（4）。

[61] 章奇、何帆、刘明兴：《金融自由化、政策一致性和金融脆弱性：理论框架与经验证据》，载《世界经济》，2003（12）。

[62] 张企元：《防范区域性金融风险，维护区域金融稳定》，载《河北金融》，2004（11）。

[63] 张旭、陈敏：《探析金融结构变迁背景下的区域金融安全网框架设计》，载《商业研究》，2007（6）。

[64] 张志元、雷良海、杨艺：《区域金融可持续发展的城市生态研究》，载《金融研究》，2006（6）。

[65] 赵华刚：《新兴市场国家金融自由化与金融脆弱性》，载《经济师》，2004（8）。

[66] 赵静梅、吴风云：《金融监管一体化：世界潮流还是全球试点?》，载《经济社会体制比较》，2005（2）。

[67] 赵彤刚、周明：《央行关注资产价格快速上涨》，载《中国证券报》，2007-01-27。

[68] 郑长德：《当代西方区域金融研究的演进及其对我国区域金融研究的启示》，载《西南民族大学学报》，2005（11）。

[69] 郑晓东、魏斌：《分散银行系统风险完善房地产金融体系》，载《探索与争鸣》，2007（12）。

[70] 中国诚信证券评估有限公司研究分析部：《把握世界经济环境变化契机加快广州金融国际化步伐》，载《港澳经济》，1994（11~12）。

[71] 中国人民银行福州中心支行金融稳定课题组：《区域金融稳定评估研究》，载《福建金融》，2006（7）。

[72] 中国人民银行南宁中心支行办公室课题组：《泛珠三角区域金融合作研究》，载《广西金融研究》，2007（8）。

[73] 中国人民银行温州市中心支行课题组：《区域金融的不稳定因素及其化解：以温州为例》，载《上海金融》，2005（4）。

[74] 周好文、钟永红：《中国金融中介发展与地区经济增长：多变量VAR分析》，载《金融研究》，2004（6）。

[75] 周立、胡鞍钢：《中国金融发展的地区差距状况分析（1978—1999)》，载《清华大学学报（哲学社会科学版)》，2002（2)。

[76] 周意珍、余子华：《信贷投向集中化及其对区域金融生态环境的影响》，载《武汉金融》，2007（1）。

外文部分

[1] Allen, F. and Gale, D.. Bubles and Crises. The Wharton School, 1998.

[2] Andreas Billmeier and Johan Mathisen. Analyzing Balance – Sheet Vulnera-tilities in a Dollarized Economy: The Case of Georgia. IMF Working Paper, 2006. 7.

[3] Asboda Mody, Dilip K. Patro. Valuing and Accounting for Loan Guarantees. The World Band Research Observer, Vol. 11, No. 1, 1996. 2.

[4] Buiter, H. W., Coresetti, G. and Pesenti, P. A.. A Center – Periph – ery Model of Monetary Coordination and Exchange Rate Crises. NBER Working Paper, No. 5140, 1995.

[5] Calvo, G. and Reinhart. Capital Flows to Latin America: Is There Ev – idence of Contagion Effects. Private Capital Flows to Emerging Markets. Institute for International Economics, Washington, DC, 1996.

[6] Calvo, G.. Balance of Payments Crises in Emerging Markets. University of-Maryland, 1998.

Carter, M. Financial Innovation and Financial Fragility. Journal of Economic Issues, 1989, Vol. XXXI, No. 3.

[7] Campbell and Cracaw. Information Production, Market Signaling and the Theory of Financial Intermediationv. Journal of Finance, 1980, 37 (3), pp. 327 – 352.

[8] Chang, R. and Velasco, A.. The Asian Liquidity Crisis. RR#98 – 27C. V. Star Center for Applied Economics, NYU, 1998, July.

[9] Chang, V. V. and Jagannathan, R.. Banking Panics, Information, and Rational Expectations Equilibrium. Journal of Finance, 1988, 43: pp. 749 – 761.

[10] Corsetti, Pesenti and Roubini. Paper Tigers? A Model of Asian Cri - sis. European Economic Review, 1999, Vol. 43, pp. 1211 -1236.

[11] Dale F. Gray. Assenssmint of Corporate Sector Value and Vulnerability - Links to Exchange Rate and Financial Crises. World Bank Technical Paper, No. 455, 1999. 11.

[12] Dale F. Gray and Mark R. Stone. Corporate Balance Sheets and Macroeconomic Policy. Finance and Development, 1999. 12.

[13] Dale F. Gray . Macro finance the bigger picture. Risk management for Investor, 2002. 7.

[14] Dale F. Gray and Mark R. Stone. Corporate Balance Sheets and Macroeconomic Policy. Finance and Development, 1999. 12.

[15] Dale F. Gray, Robert C. Merton and Zvi Bodie . A New Framework for Analyzing and Managing Macrofinancial Risks. MF Risk Working Paper, 2003. 8.

[16] Demirg - Kunt, A. and Detragiache, E.. Financial Liberalization and Fi - nancial Fragility. Policy Research Working Paeper Series 1917, The World Bank 1998, Sep..

[17] Diamond, D. and Dybvig, P.. Banks Runs, Deposit Insurance and Liq - uidity. Journal of Political Economy, 1983, 91, pp. 401 -419.

[18] Diaz - Alejandro, Carlos. Goodbye Financial Repression, Hello Financial Crash. Journal of Development Economics, 1985, Vol. 19, pp. 1 -24.

[19] Dornbush, R. A.. Expectations and Exchange Rate Dynamics. Journal of Political Economy, 1976, 84, pp. 960 -971.

[20] Dornbush, R. A.. Exchange Rate Expectations and Monetary Policy. Journal of International Economics, 6, pp. 231 -244.

[21] Drazen , A. and Masson, P. R.. Credibility of Policies versus Credlbility of Policymakers. Quarterly Journal of Economics, 3, 1994, pp. 735 -754.

[22] Eduardo Eajnzyler, Sergio Schmukler and Luis Serven. Verifying Ex - change Rate Regimes. World Bank Working Paper, 2000, No. 2397.

[23] Eichenreen, B., Rose A. K. and Whplosz C.. Contagious Currency Crises. NBER Working Paper, No. 5681, 1996.

[24] Elizabeth Currie Antonio Velandia. Risk Management of Contingent Liabilities Within a Sovereign Asset.

[25] Fischer Black, Myron Scholes. The Pricing of Options and Corporate Liabilities. The Journal of Political Economy, Vol. 81, No. 3, 1973. 5.

[26] Fisher, I.. The Debt Deflation Theory of Great Depression. Econometrica, 1. 1933, pp. 337 –357.

[27] Flood, R. and Garber, P.. Market Fundamentals versus Pricelevel Bubbles: the First tests. Journal of Political Economy, 88, 1980, pp. 754 –770.

[28] Flood, R. and Garber, P.. Collapsing Exchange Rate Regimes: Some Linear Examples. Journal of International Economics, 17, 1984a, pp. 1 –13.

[29] Flood, R. and Garber, P.. Gold Monetization and Gold Discipline. Journal of Political Economy, Vol. 92, No. 1, 1984b, pp. 90 –107.

[30] Flood, R. andMarion, N.. Speculative Attacks: Fundamentals and Self –fulfilling Prophecies. NBER Working Paper, No. 5789, 1996.

[31] Flood, R. and Marion, N.. Perspectives on the Recent Currency Crisis Literature. NBER Working Paper, No. 6380, 1998, January.

[32] Friedman, M. and Schwartz, A. J.. A Monetary History of the United States: 1867 –1960. Princeton Press for the National Bureau of Economic Research, Princeton, 1963.

[33] Goodhart, C. A. E., Sunirand, P. and Tsomocos, D. P.. A model to and alyse financial fragility. Oxford Financial Research Centre Working Paper, 2003, No. 2003fe113.

[34] Glenn Hoggarth, Steffen Sorensen and Lea Zicchino. Stress Tests of UK bands using a VAR approcch. Bank of England Working Paper, No. 282, 2005. 12.

[35] Goldfajn, I. and Valdes, R.. Capital Flows and the Twin Crises: The Role of Liquidity. IMF Working Paper, No, WP/97/87, 1997.

[36] Goldstein, M.. The Asian Financial Crises: Causes, Cures, and Sys –temic Implications. Policy Analyses in International Economics 55. Washington, D. C. : Institute for International Economics, 1998.

[37] Hellmann, T., Murdock, K. and Stiglitz, J. E.. Addressing Moral

Hazzard in Banking: Deposit Rate Controls vs. Capital Requirements. Unpublished Manuscript, 1994.

[38] Ipwing Yu and Laurence Fung . A Structural Approach to Assenssing the Credit Risk of Hong Kong's Corporate Sector. Hong Kong Monetary Authority, 2005. 12.

[39] Jan Willem van den End and Mostafa Tabbae. Measuring financial stability applying the MfRisk model to the netherlands. DNB Working Paper, 2005. 3.

[40] Jan Willem van den End. Indicator and Boundaries of Financial Stability. DNB Working Paper.

[41] Jorge A. Chan – Lau, Arnaud Jobert and Janet Kong. An Option – Based Approach to Band Vulnerabilities in Emerging. IMF Working Paper, 2004. 12.

[42] Jorge A. Chan – Lau and Toni Gravelle. The END a New Indicator of Financial and Nonfinancial Corporate. IMF Working Paper, 2005. 12.

[43] Jorge A. Chan – Laul. Market – Based Estimation of Deafult Probabilities and Its Aplication to Financial Market Surveillance. IMF Working Paper, 2006. 4.

[44] Jorge A. Chan – Lau. Fundamentals – Based Estimation of Default Probabilities: A Survey. IMF Working Paper, 2006. 6.

[45] John Fell and Carry Schinasi. Assessing Financial Stability Exploring the Borndaries of Analysis. National Institute Economic Review, No. 192, 2005. 4.

[46] Johan Mathisen and Anthony Pellechio. Using the Balance Sheet Approach in Surveillane: Framework, Data Sources, and Data Availability. IMF Working Paper, 2006. 4.

[47] John Chant, Alexandra Lai, Mark Llling and Freed Daniel. Essays on Financial Stability. Bank of Canada Technical Report, No. 95, 2005. 12.

[48] Juan Manuel Lima Enrique Montes, Carlos Varela and Johannes Wiegand. Sectoral Balance Sheet Mismatches and Macroeconomic Vulnerabilities in Colombia, 1996 – 2003. IMF Working Paper, 2006. 1.

[49] Kaminsky, G. and Reinhart, C. M. . The Twin Crises: The Causes of Banking and Balance of Payments Problems. Federal Reserve Board, Washington, D. C, 1996.

[50] Kaminsky, G. and Reinhart, C.. Leading Indicators of Currency Crises. IMF, 45, 1998, pp. 1 –48.

[51] Kaminsky, G. and Reinhart, C.. On Crises, Contagion, and Confu – sion. Journal of International Economics, Vol . 51, 2000.

[52] Keynes, J. M.. The Consequences to The Banks of The Collapse of Money Values. In Essays in Persuasion, 1931, reprinted, New York: W. W. Norton 1963; and in The Collected Writings of John Maynard Keynesk, Vol. 9, London: Macmillan, 1972.

[53] Kimmo Virolainen. Macro Stress Testing with a Macroeconomic Credit Risk Model for Finland. Bank of Finland Discussion Papers, 2004. 12.

[54] Kingleberger, C. P. . Manias, Panics and Crashes: A History of Financial Crises. Basic Books, New York, 1978.

[55] Knight, F.. Risk, Uncertainty and Profit. New York: Houghton Mifflin Company, 1921.

[56] Koskela, E. and Stenback, R. . Is There a Tradeoff between Bank Competition and Financial Fragility? Journal of Banking & Finance, 2000, 24, 1853 –1873.

[57] Kregel, J. A.. Margins of Safety and Weight of The Argument in Generating Financial Fragility. Journal of Economics Issues, 1997, Junek, Vol. 31: pp. 543 –548.

[58] Krugman, P.. A Model of Balance of Payments Crises. Journal of Money, Credit and Banking, 11, 1979, pp. 311 –325.

[59] Krugman, P.. Are Currency Crises Self – fulfilling? . NBER Macroeconomics Annual, Cambridge, MIT, 1998, January.

[60] Krugman, P.. What Happened toAsia? Mimeo, MIT, 1998, January.

[61] Krugman, P.. Balance Sheets, the Transfer Problem, and Financial Crises. International Tax and Public Finance, Vol. 6, 1999, pp. 459 –472.

[62] Krugman, P.. What Happened to Asia? mimeo, MIT, 1998 January.

[63] Kunt, A. D. and Detragiache, E.. Financial Liberalization and Finan – cial Fragility. IMF Working Paper, 1998, March.

[64] Mark Allen, Christoph Rosenberg, Christian Keller, Brad Setser and Nouriel Roubini. A Balance Sheet Approach to Financial Crisis. IMF Working Paper, 2002. 12.

[65] Mark Allen. Debt – Related Vulnerabilities and Financial Crises – An Application of the Balance Sheet Approach to Emerging Market Countries. International Monetary, Fund, 2004. 7.

[66] Mario I. Blejer and Liliana Schumacher. Central Bank Vulnerability and the Credibility of Commitments: A Value – at – Risk Approach to Currency Crises. IMF Working Paper, 1998. 5.

[67] Mckinnon, R. and Pill, H. . International Borrowing: A Decomposi – tion of Credit and Currency Risks. World Development, 1998, 10.

[68] Mckinnon, R. and Pill, H. . Credible Liberalizations and International Capital Flows, in Financial Deregulationh and Integration in East Asian. Chicago: University of Chicago, 1996.

[69] Merxe Tudela and Garry Young. A Merton Model Approach to Assessing the Default Risk Models. Joural of Banding & Finance 24 (2000) 59 – 117 2000.

[70] Michael T. Gapen, Dale F. Gray, Cheng Hoon Lim and Yingbin Xiao. The Contingent Claims Approach to Corporate Vulnerability Analysis. IMF Working Paper, 2004. 3.

[71] Michael T. Gapen, Dale F. Gray, Cheng Hoon Lim and Yingbin Xiao. Measuring and Analyzing Sovereign Risk with Contingent Claims. IMF Working Paper, 2005. 8.

[72] Moody' KMV Company. Modeling Default Risk. 2003. 12.

[73] Minsky, H. . The Financial Instability Hypothesis: Capitalist Process and the Behavior of the Economy, in Financial Crisis: Theory, History and Policy. edited by Charles P. , Kindlberger and Jean – Pierre laffargue, 1982, 13 – 38. Cambridge: Cambridge University Press.

[74] Minsky, H. . Stabilizing the Unstable Economy, New Haven: Yale University Press, 1986.

[75] Mishkin. . Understanding Financial Crises: A Developing Country Per –

spective. Annual World Bank Conference on Development Economics, 1996.

[76] Mishkin. . Lessons From the Asian Crisis. NBER Working Paper, 1999.

[77] Obstfeld, M.. The Logic of Currency Crises. Cashiers Economique et Montaires, 43, 1994, pp. 189 -213.

[78] Obstfeld, M.. Models of Currency Crises with Selffulfilling Fea - tures. European Economic Review, 40, 1996, pp. 1037 -1048.

[79] Radelet, S. and Sachs, J.. The Onset of the East Asian Financial Crisis. Mimeo, Harvard Institute for International Development, 1998a.

[80] Raghuram. Bank Fragility: Perception and Historical Evidence. Chicago: Federal Reserve Bank of Chicago, 1996.

[81] Robert C. Merton. On the Pricing of Corporate Debt The Risk Structure of Interest Rates. The Journal of Finance, Vol. 29, No. 2, 1974. 5.

[82] Sachs, J. D., Tornell, A. and Velasco, A. . Financial Crisis in Emerging Markets: The Lesson from 1995. Brookings Papers On Economic Activity, 1996, Vol 1. pp. 147.

[83] Salant, W. S. and Henderson, D. W.. Vulnerability of Price Stabilization Schemes to Speculative Attack. Journal of Poitical Economy, 86, 1978, pp. 627 -648.

[84] Simons, H. Economic Stability and Antitrust Policy. University of Chicago Law Review, 1944.

[85] Stiglitz, J. and Weiss, A. . Credit Rationing in Markets with Imper -fect Information. American Economic Review, 71, 1981, pp. 393 -410.

[86] Veblen, T. The Theory of Business Enterprise. New York: Charles Scribners and Sons, 1904.

[87] Wolfson, M. H.. Irving Fisher's Debt - Deflation Theory: Its Rele - vance to Current Conditions. Cambridge, Cambridge Journal of Econcomics, 20, 1996, pp. 315 -333.

后　记

金秋时节，在美丽的武汉大学，一个靠近东湖和珞珈山的地方，我完成了自己的博士论文，怀揣一个欣喜而又不安的心情来简单总结一下三年来的学习生活。三年来，我亏欠人们的太多了，我要对你们说声谢谢。

首先感谢我的恩师叶永刚教授和他带领的团队。2005 年，我有幸成为叶教授的学生，除了学业上得到了叶教授的悉心指导，生活中更是得到了他细致入微的关怀。叶教授严谨治学的作风、坦荡的胸怀、自信的风格和敬业精神是我最为宝贵的财富，将使我终生受益。可以说，没有叶老师的悉心指导和他领导的团队的支持，就不会有今天这篇论文。谢谢您，我尊敬的导师！

感谢我的师母范老师，她细心的关照和坚定的支持使我深深感受到了母爱般的温暖。

我还要感谢所有在学习和生活中给予了我无私关怀和帮助的武汉大学经济与管理学院的各位教授，他们是江春教授、黄宪教授、何国华教授、潘敏教授、胡志强教授、张东祥教授等。

还要感谢我在西南财经大学的两位恩师殷孟波教授和解川波教授，是他们多年来用师生之情、长晚之爱一直关注着我的成长，鼓励我在求知的道路上一直走到今天。

感谢中国人民银行广州分行穆西安师兄、研究局冯锋师兄、中央广播电视大学吴国祥师兄、万泉河旅游股份有限公司卢宁州师兄、深圳银监局范乐宇师妹、人民银行济宁分行薛燕师妹多年来在生活和学习上给予我的无私关心和照顾。

感谢我的师兄（姐），他们是彭红枫、胡莉琴、宋凌峰、张春芳、刘宁、蔡基栋，特别在论文的写作过程中我得到了彭红枫、胡莉琴和宋凌峰的大力支持，他们挤出宝贵的时间帮助我，并提供写作的建议。

感谢我的两位同窗，他们是刘春霞、熊志刚，他们是我学习的伙伴，也是我学习的榜样。感谢我的师弟、师妹们，他们是叶教授团队不可或缺的中坚力量，论文的写作同样凝聚着他们辛勤研究的汗水，他们是余劼、张培、张峰、陈锐、王勤、马晓昱、段海磊等，尤其感谢吕思颖、郑小娟和葛祺三位师妹，她们利用自己的宝贵时间收集资料帮助我完成写作。

还要感谢海口海关党组和法规处的领导和同事们，是你们帮助我承担了工作的压力，承担了额外的劳动，尽管我已经离开了海关队伍，但你们依然是我心中的亲人。

最后，感谢我的家人，特别感谢史红、赵春晖和赵沂辰，赵沂辰爽朗的稚笑使我忘记了学习的孤独和疲劳，赵春晖是我读书的坚定支持者，在我生病的日子里忍受我不停的唠叨。

挂一漏万，我需要感谢的人太多了。千言万语汇成一句话：感谢所有在工作和生活上给予我关心和照顾的人，祝你们一生平安。

赵振宗

二〇〇八年金秋于枫园